backLUST

Andreas Neubauer | Axel Müller | Barbara Sedlmayr

backLUST

Mit Backlust und Leidenschaft

Superstar auf dem Kuchenbuffet gesucht? Hier werden Sie fündig! Auf den folgenden Seiten zeigen wir Ihnen ebenso ungewöhnliche wie unglaublich leckere Kreationen.

Drei Profis haben für Sie die Türen ihrer Backstuben geöffnet und die Geheimnisse ihrer Kunst gelüftet. Mit ihren Profirezepten, Tipps und Tricks gelingen witzige Cookies, feine Törtchen und sahnige Schnittchen bis hin zu traumhaften Kuchen und doppelstöckigen Torten – einfach verführerisch!

Küchenprofi *Andreas Neubauer*

Der gelernte Küchenmeister und Kochbuchautor sammelte schon in sternedekorierten Restaurants Erfahrungen. Wer Witziges, Trendiges, Originelles sucht, ist bei ihm an der richtigen Adresse. Mit Liebe zum Backen und einem unerschöpflichen Vorrat an Ideen kreiert er Kekse und Kuchen, die alle richtig was hermachen und dabei einfach gut schmecken. Seine kulinarischen Kreationen setzt er auch als Foodstylist ins rechte Licht.

Artisan Pâtissier *Axel Müller*

Der Inhaber der „Pâtisserie Amandine“ im Münchner Westend hat sein Handwerk in Frankreich gelernt. Und so schmecken seine Törtchen, Tartes und Macarons wie frisch aus einer Pariser Pâtisserie. Mit Stolz und Freude leitet er seinen Familienbetrieb: Jeden Tag wird Crème Pâtissière gekocht, Blätterteig touriert und Brandteig gebacken. Die feinsten Klassiker und die Lieblingsrezepte seiner Kunden hat er für Sie ausgewählt – französische Lebensart pur.

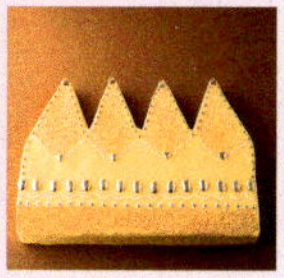

Tortenfee *Barbara Sedlmayr*

In der Nähe von München zaubert die gelernte Konditormeisterin und Tortendesignerin die verrücktesten und schönsten Torten Deutschlands. Das Geheimnis ihres Erfolgs: Nichts ist für sie unmöglich. Für ihre Auftraggeber – ob Privatkunde, Filmstar oder weltbekannter Autobauer – realisiert sie jeden Wunsch, kreiert Meisterwerke von schnuckligen Cookies bis zur siebenstöckigen Hochzeitstorte. Ihre Kreationen sind ein Fest für alle Sinne: optisch ein Traum und geschmacklich ein Hochgenuss.

1. Für feine Cremes schlagen Profibäcker Eigelbe über einem heißen Wasserbad auf – das macht den Eigelb-Schaum stabiler und hilft, Salmonellen abzutöten. Dazu Eier mit den übrigen Zutaten in einer Edelstahlschüssel verrühren, dann über einem heißen Wasserbad schaumig aufschlagen. Mit einem Küchenthermometer lässt sich die Temperatur am besten prüfen. Zum Pasteurisieren müssen 80° erreicht werden.

2. Die erwärmte Creme dann in der Edelstahlschüssel über Eiswasser weiterschlagen, bis sie wieder abgekühlt ist.

Profitipps
für Backzutaten

Profibäcker legen Wert auf Qualität. Denn mit hochwertigen Zutaten gelingen Mürbeteig und Biskuit, sahnige Creme oder fruchtige Füllung einfach besser.

- Allround-Mehl in der Profi-Backstube ist **Mehl Type 405**. Wollen Sie besonders zartes Gebäck oder Biskuitteig zubereiten? Dann sieben Sie es. So wird es feiner und macht den Teig lockerer. Bei Instant-Mehl Type 405 können Sie sich die kleine Mühe sparen – es ist rieselfähig und verteilt sich immer ohne Klümpchen im Teig.
- Zum Backen nur **frische Eier** verwenden! Sie lassen sich nicht nur besser verarbeiten, z. B. leichter in Eigelb und Eiweiß trennen. Sie besitzen auch natürliche Abwehrkräfte gegen Krankheitserreger. Schnelltest: Topfrische Eier sinken in einem Glas mit Wasser zu Boden.
- Gemahlene **Nüsse** werden schnell ranzig. Besser **im Ganzen** kaufen, bei Bedarf mahlen!

1.

2.

3.

3. Profis nehmen sich Zeit, wenn sie Butter cremig schlagen – nämlich mindestens 5 Min. So bekommt Buttercreme ein größeres Volumen und wird einfach luftiger. Wichtig: Nehmen Sie die Butter früh genug aus dem Kühlschrank, sie muss Zimmertemperatur haben. Die weiche Butter dann am besten mit dem Handrührgerät schlagen.

5.

4. Ob weiß oder dunkel, Vollmilch oder Zartbitter: Schokolade ist sensibel. Sie darf nicht zu stark erhitzt werden. Schmelzen Sie sie deshalb stets über einem heißen Wasserbad. Achtung: Es darf kein Wassertropfen in die Masse geraten. Sonst wird sie stumpf und klumpig.

4.

5. Um Kuchen kreativ zu gestalten, brauchen Sie nur ein wenig Geschick und Phantasie, doch sicher keine teuren Zutaten. Aus preiswerten Folien lassen sich Schablonen für jede beliebige Form schneiden. Und aus Bonbons, die Sie in jedem Supermarkt kaufen können, werden ohne großen Aufwand originelle Deko-Chips (s. Seite 15 und Seite 40). Mit preiswerten Papierbackförmchen können Sie Muffins und Törtchen ganz schnell aufpeppen. Farbigen Dekorzucker finden Sie in großen Supermärkten bei den Backzutaten und häufig auch in Läden, wo es Garnier-Zutaten für Cocktails gibt.

Unentbehrliche Helfer in der Profi-Backstube:

1. Bei Konditoren sind **Paletten** im Dauereinsatz. Denn damit lassen sich Cremes gleichmäßig verstreichen, Torten perfekt glätten und Teige auf Schablonen auftragen. Vorteil der Winkelpalette: Durch die abgeknickte Form können Sie mit ihr auch problemlos innerhalb eines Tortenrings oder Blechs hantieren.

2. Mit einem **Teigschaber** (Foto) streichen Sie Teige glatt oder heben Eiweiß oder geschlagene Sahne unter. Für schwerere Teige brauchen Sie einen **Teigspachtel**. Der macht sich auch beim Einstreichen von Torten nützlich.

Profitipps
fürs Handwerkszeug

Wer viel backt, braucht kein großes Equipment, aber ein erstklassiges!

- Teurere **Formen** haben eine kratzfeste Antihaftversiegelung und leiten die Ofenhitze gleichmäßig weiter. So bräunen Kuchen und Tartelettes perfekt und hängen nicht an. Nach dem Backen lassen sie sich mühelos reinigen.
- Wer mehrstöckige Torten zaubern will, braucht **mehr als ein Backblech**. So können Sie z. B. auf zusätzlichen Blechen bei Umluft Biskuit auf drei Etagen backen.
- Ein Muss in der Profi-Backstube ist ein mindestens 6 cm hoher **Tortenring**. Die besten sind aus Edelstahl, lassen sich stufenlos verstellen und bis auf 40 cm Durchmesser ausdehnen. Ebenfalls praktisch: ein eckiger **Backrahmen**, der wie ein Tortenring funktioniert.
- Hilfreich ist ein **Spritzbeutel** mit verschieden großen Lochtüllen, am besten aus Edelstahl.

3.

3. Ein **Spritzbeutel aus Papier** lässt sich leicht selber basteln. Als erstes aus Butterbrot- oder Backpapier ein Rechteck im Din-A-4-Format (ca. 30 x 20 cm) ausschneiden und dieses diagonal durchschneiden. Sie erhalten zwei Dreiecke mit jeweils unterschiedlich langen Seiten.

4. Mit der linken Hand nun ein Dreieck etwa in der Mitte der längsten Dreieckseite festhalten, mit der rechten Hand die rechte Spitze greifen und zur mittleren Spitze einrollen, sodass ein spitzer Kegel entsteht.

5. Mit der linken Hand nun die linke Spitze über den Kegel rollen, sodass Sie eine spitze, runde Dreieckstüte mit kleiner Öffnung unten erhalten. Die überstehenden Spitzen an der oberen Öffnung nun einfach nach innen umklappen und die Tüte so stabilisieren.

4.

5.

6.

6. Nun etwa zur Hälfte die gewünschte Glasur einfüllen, oberen Rand der Tüte zusammendrücken, zweimal nach innen falten und auf diese Weise verschließen. Jetzt die Glasur mit vorsichtigem, aber gleichmäßigem Druck herausdrücken.

Übrigens: Wer nicht basteln will, findet in Kaufhäusern fertige Einweg-Spritzbeutel aus kunststoffbeschichtetem Spezialpapier.

Süßes

Bäcker auf Entdeckerkurs!

Probieren Sie Klassiker, die ganz trendig daherkommen

für jeden Geschmack

Früchtchen im frechen Outfit. Und sahnige Schnittchen, die auf der Zunge zergehen.

1. Profi Andreas Neubauer schneidet Schablonen am liebsten aus stabilen Kunststoffbögen (z. B. aus Schnellheftern oder Aktenmappen aus Kunststoff oder aus Deckeln von großen Plastikdosen). Teig, Zucker- oder Schokomasse streicht er dann gleichmäßig mit einer Winkelpalette in die Form.

2. Der Küchenmeister empfiehlt die Anschaffung einer Silikon-Backmatte. Darauf lassen sich Teige besonders glatt ausrollen und auch perfekt backen.

Küchenprofi

Andreas Neubauer

Mit ungewöhnlichen Törtchen und Kuchen schubst Andreas Neubauer Langeweile aus der Backstube. Der Kochbuchautor und Foodstylist hat für Sie lauter schöne Sachen angerichtet: phantasievolle Kreationen, die einfach gut schmecken und dank seiner Tipps auch gut gelingen. Denn als gelernter Küchenmeister weiß Andreas Neubauer, worauf's beim Backen ankommt. Sein Tipp Nr. 1: Bäcker brauchen Platz. Teig immer auf einer großen, mit ausreichend Mehl bestäubten Arbeitsfläche ausrollen.

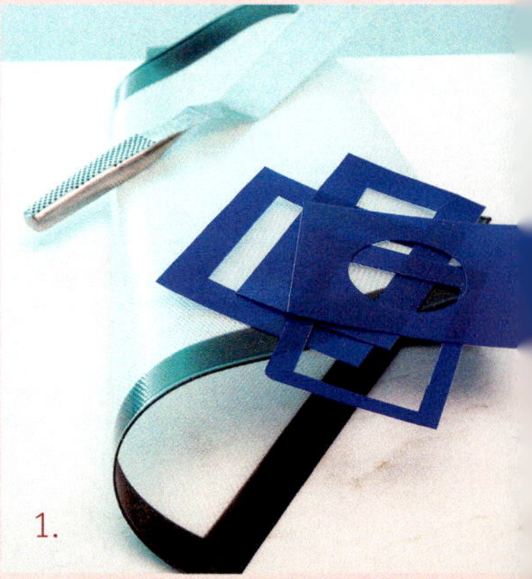

1.

2.

3.

3. Originelle Deko auf fruchtigen Törtchen sind selbst gemachte Bonbonchips. Dazu ein Backblech mit einer Silikon-Backmatte belegen und eine runde Schablone fertigen. Harte, zuckerhaltige Bonbons (z. B. Himbeer, Kirsch oder auch Kirsch-Joghurt ohne flüssige Füllung) zu feinem Pulver zermahlen, durch ein Sieb in die Schablone auf das Backblech streuen. Unter dem heißen Backofengrill in ca. 10 Sek. schmelzen. Dann abkühlen lassen und vorsichtig mit einer Palette von der Matte lösen.

4. Profitipp von Andreas Neubauer: Mürbeteigböden für Tartes zunächst „blindbacken“. So bleiben sie gleichmäßig flach. Dazu den Teig dünn ausrollen, in die Tarteform legen und mehrmals mit einer Gabel einstechen. Teig mit Backpapier belegen und mit getrockneten Hülsenfrüchten beschweren. Teig im Ofen goldbraun backen, dann Papier und Hülsenfrüchte entfernen und Belag oder Füllung daraufgeben.

4.

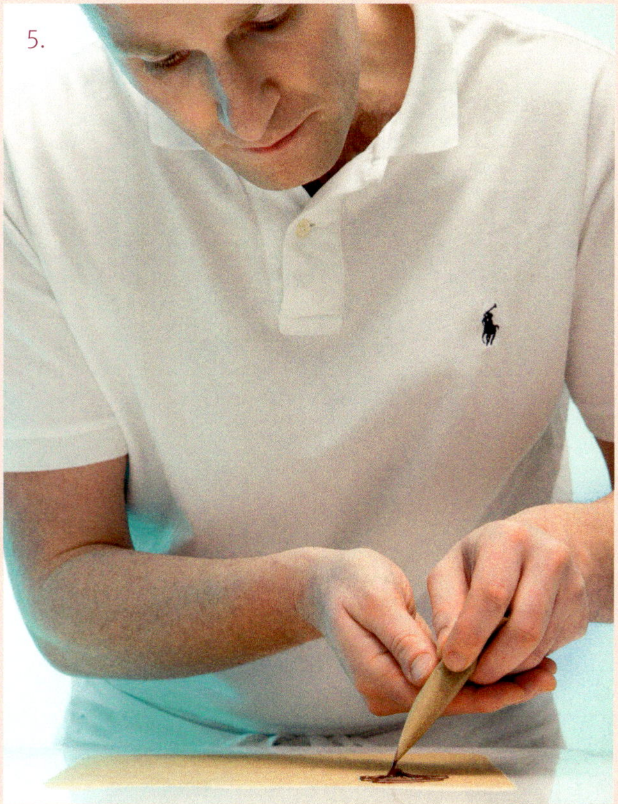

5.

5. Mit flüssiger Schokolade zaubert Andreas Neubauer ganz schnell individuelle Dekoelemente: Schokolade (am besten Zartbitter) schmelzen und in ein Papiertütchen (s. Seite 11) geben. Ornamente oder Gittermuster nach Wunsch auf Backpapier spritzen, eventuell Tütenspitze abschneiden. Schokolade im Kühlschrank auf dem Papier fest werden lassen, dann mit einer Palette vorsichtig ablösen und Torten oder Kuchen damit verzieren.

schokoladig

Hier gibt's Schokolade satt:
versteckt in feinen Cremes und zarten Biskuits,
frisch kombiniert mit Kokos oder Himbeeren,
fein geschichtet in Schnittchen und Torten.
Noch kein Schokofan? Aber bald.

Schoko-Mocca-Cakes

ZUBEREITUNGSZEIT *30 Min.*
BACKZEIT *20 Min.*
ZUTATEN *für ca. 10 Stück*

200 g Zartbitter-Schokolade
150 g Butter
(+ Butter für die Förmchen)
150 g Zucker
4 Eier (Größe M)
3 EL Mehl
1 TL Backpulver
4–5 EL starker Moccakaffee
(ersatzweise Espresso)
100 g Zartbitter-Schokoladenglasur
(Fertigprodukt)
Schoko-Mocca-Bohnen zum Garnieren

AUSSERDEM
10 hitzebeständige Moccatässchen oder Backförmchen

1 Die Zartbitter-Schokolade und die Butter mit 100 g Zucker in einer Schüssel über einem heißen Wasserbad schmelzen. Backofen auf 180° (Umluft 160°) vorheizen. Moccatässchen oder Förmchen buttern.

2 Die Eier trennen. Eigelbe mit dem Mehl und dem Backpulver sowie dem Moccakaffee unter die flüssige Schokomasse rühren. Die Eiweiße sehr steif schlagen, dabei den restlichen Zucker einrieseln lassen.

3 Eischnee behutsam unter die Schoko-Mocca-Masse heben. Teigmasse in die Tässchen verteilen und ca. 20 Min. im heißen Ofen (Mitte) backen.

4 Schokoglasur nach Packungsangabe schmelzen. Schoko-Mocca-Cakes aus dem Ofen nehmen und mit Glasur übergießen. Cakes mit Schoko-Mocca-Bohnen garnieren und in den Tässchen servieren.

Schoko-Cheese-Cake

ZUBEREITUNGSZEIT *40 Min.*
BACKZEIT *45 Min.*
KÜHLZEIT *insgesamt mind. 4 Stunden*
ZUTATEN *für 1 quadratische Form (16 x 16 cm) oder 1 Springform (Ø 22 cm)*

FÜR DEN SCHOKO-CHEESE-CAKE
200 g Mürbeteiggebäck
50 g weiche Butter
100 g Zartbitter-Schokolade
2 EL dunkles Kakaopulver
100 g Zucker | 1/2 TL Rum-Aroma
450 g Sahnequark
2 Eier (Größe M) | 1 Eigelb

FÜR DIE CURRYBANANEN
2 Blatt Gelatine
75 g Zucker
2 EL mildes Currypulver
1 Banane

FÜR DAS KOKOSGELEE
1 Blatt Gelatine
150 ml Kokosmilch (aus der Dose)

AUSSERDEM
Backpapier

1 Für den Schoko-Cheese-Cake das Gebäck zerkrümeln und mit der Butter mischen. Den Boden der Backform mit Backpapier belegen. Bröselmischung darauf verteilen und festdrücken.

2 Backofen auf 160° vorheizen. Schokolade zerkleinern und mit Kakao und Zucker in einer Schüssel über einem heißen Wasserbad schmelzen. Zügig mit dem Rum-Aroma und dem Quark mischen, nach und nach die Eier und das Eigelb unterrühren. Schoko-Quark-Masse auf die Bröselmischung gießen und ca. 45 Min. im heißen Ofen (Mitte, Umluft 140°) backen. Dann Schoko-Cheese-Cake aus dem Ofen nehmen und in der Form mind. 2 Std. abkühlen lassen.

3 Für die Currybananen Gelatine ca. 5 Min. in kaltem Wasser einweichen. 100 ml Wasser mit Zucker und Curry aufkochen lassen, Gelatine ausdrücken und darin auflösen. Mischung zum Gelieren ca. 5 Min. ins Tiefkühlfach stellen. Banane schälen und in 5 mm dicke Scheiben schneiden. Scheiben mehrmals durch das Curry-Gelee ziehen, dann auf dem Kuchen in der Form verteilen.

4 Für das Kokosgelee Gelatine ca. 5 Min. in kaltem Wasser einweichen. Ca. 50 ml Kokosmilch erhitzen, Gelatine ausdrücken und darin auflösen. Restliche Kokosmilch unterrühren. Flüssigkeit so in die Form auf den Kuchen gießen, dass die Bananenscheiben nicht von Kokosmilch bedeckt werden. Schoko-Cheese-Cake noch mind. 2 Std. kühl stellen, noch besser über Nacht. Aus der Form nehmen, nach Belieben mit Schoko-Kokos-Blättchen garnieren (s. Tipp) und servieren.

Tipp

Für die Schoko-Kokos-Blättchen flüssige Schokolade dünn auf eine Silikon-Backmatte oder Marmorplatte streichen, mit Kokosraspeln bestreuen, fest werden lassen und rund ausstechen. Schoko-Kokos-Blättchen mit einer Palette abheben.

Schoko-Kokos-Muffins

ZUBEREITUNGSZEIT *25 Min.*
BACKZEIT *20–25 Min.*
ZUTATEN *für 12 Stück*

100g Zartbitter-Schokolade
200g Mehl
1 TL Backpulver
2 EL dunkles Kakaopulver
1 kleines Ei (Größe S)
75g Zucker
50ml Sonnenblumenöl
2 EL Kokoslikör (z.B. Batida de Coco)
200ml Kokosmilch (aus der Dose)
12 Kokospralinen (z.B. Rafaello)
1/4 frische Kokosnuss ohne Schale
150g Vollmilch-Schokolade

AUSSERDEM

1 12er-Muffinsblech
12 Papier-Backförmchen oder
Fett für die Förmchen
1 Backblech

1 Backofen auf 180° (Umluft 160°) vorheizen. Die Vertiefungen des Muffinsblechs mit Papierförmchen auslegen oder gut fetten. Zartbitter-Schokolade fein hacken und mit Mehl, Backpulver und Kakao mischen.

2 Das Ei mit Zucker, Öl, Likör und Kokosmilch verrühren. Die Mischung nach und nach zügig unter die Mehlmischung rühren.

3 Teig in die Papierförmchen oder gefetteten Vertiefungen füllen, je 1 Kokospraline in jede Portion drücken. Muffins 20–25 Min. im heißen Ofen (Mitte) backen. Aus dem Ofen nehmen und abkühlen lassen.

4 Während die Muffins abkühlen, Kokosnussfleisch in feine Streifen raspeln, auf das Backblech streuen und im heißen Ofen ca. 2 Min. rösten.

5 Muffins aus den Förmchen lösen. Die Vollmilch-Schokolade grob hacken und schmelzen. Muffins in die flüssige Schokolade tauchen, auf ein Kuchengitter setzen und mit den gerösteten Kokosstreifen bestreuen.

3.

1.

1. Die Vertiefungen des Muffinsblechs mit Papierförmchen auslegen oder sehr gut fetten. Die Förmchen zur Hälfte mit Teig füllen. Dann die Kokospralinen jeweils in die Mitte drücken.

2. Vollmilch-Schokolade in einer kleinen Schüssel über einem heißen Wasserbad oder auch in der Mikrowelle schmelzen. Gebackene Muffins abkühlen lassen, dann in die flüssige Schokolade tauchen.

2.

3. Besonders aromatisch schmecken die Muffins mit frisch geraspelten und kurz gerösteten Kokosstreifen. Ersatzweise können Sie jedoch auch Kokosraspel aus der Tüte verwenden.

Sach

Biskuit-Roulade à la Sacher

ZUBEREITUNGSZEIT *1 Std. 30 Min.*
BACKZEIT *10 Min.*
KÜHLZEIT *insgesamt 2 Std.*
ZUTATEN *für 1 Roulade (Länge 25 cm; 10–12 Portionen)*

FÜR DEN BISKUITTEIG
4 Eier (Größe M)
50 g Zucker | Salz
3 EL Mehl
2 EL dunkles Kakaopulver
3 EL Speisestärke
Puderzucker zum Bestäuben

FÜR FÜLLUNG UND ÜBERZUG
250 g Aprikosenkonfitüre
100 g Sahne
30 g Butter
150 g Zartbitter-Schokolade
75 g Zucker
40 g Crème fraîche

AUSSERDEM
1 Backblech
Backpapier
1 sauberes Geschirrtuch

1 Backofen auf 200° (Umluft 180°) vorheizen. Für den Biskuitteig die Eier trennen. Die Eigelbe mit der Hälfte des Zuckers schaumig schlagen. Die Eiweiße mit dem restlichen Zucker und 1 Prise Salz steif schlagen. Das Mehl mit dem Kakao und der Stärke mischen und zur Eigelbmasse sieben. Ein Drittel des Eischnees hinzufügen und alles glatt rühren. Den restlichen Eischnee behutsam unterheben.

2 Backblech mit Papier belegen. Die Biskuitmasse ca. 1 cm dick daraufstreichen und im heißen Ofen (Mitte) ca. 10 Min. backen. Aus dem Ofen nehmen und so auf ein mit Puderzucker bestäubtes Tuch stürzen, dass das Backpapier oben ist. Papier entfernen.

3 Für die Füllung die Aprikosenkonfitüre in einem Topf aufkochen lassen. Heiße Konfitüre gleichmäßig dünn auf den gebackenen Biskuitteig streichen. Biskuit sofort mit Hilfe des Geschirrtuchs zu einer Roulade aufrollen. Die Biskuitroulade 30 Min. kühl stellen.

4 Für den Überzug die Sahne aufkochen. Die Butter und die Schokolade abwechselnd in Stückchen unterrühren und jeweils in der Sahne auflösen. Schokomischung etwas abkühlen lassen.

1. Die Aprikosenkonfitüre aufkochen und heiß auf den Biskuit geben. 2. Die Konfitüre mit einer Winkelpalette gleichmäßig dünn verstreichen. 3. Nun den Boden mit Hilfe des Küchentuchs aufrollen. 4. Die Biskuitroulade auf ein Kuchengitter setzen, dann die Schokoladencreme für den Überzug gleichmäßig darübergießen. 5. Buchstaben mit einer Papierspritztüte auf die selbst gemachten Schokoblättchen auftragen (s. Tipp).

5 Dann 50 ml Wasser mit dem Zucker aufkochen. Zuerst die Crème fraîche unterrühren, dann die Schokomischung. Schokoladenmasse 20–30 Min. abkühlen lassen, bis sie dickflüssiger wird. Dann gleichmäßig über die Roulade gießen. Sacher-Roulade nochmals für mindestens 1 Std. kühl stellen.

6 Gekühlte Sacher-Roulade gleich servieren oder noch mit beschrifteten Schoko-Schildchen garnieren (s. Tipp rechts und Foto Seite 24).

Tipp

Die Schoko-Schildchen können Sie ganz einfach vorbereiten: Zunächst etwas dunkle Schokolade schmelzen, dünn auf eine Folie streichen und in ca. 30 Min. im Tiefkühlfach wieder fest werden lassen. Die hauchdünne Schokolade nun in Stückchen brechen und mit flüssiger Schokolade beschriften. Dazu weiße Schokolade schmelzen und dann in eine Papierspritztüte (s. Seite 11) geben. Sie können die Schokoblättchen auch mit Ornamenten verzieren.

Schoko-Milchschnitten

ZUBEREITUNGSZEIT *45 Min.*
BACKZEIT *30 Min.*
KÜHLZEIT *1–2 Std.*
ZUTATEN *für 12–16 Stück*

FÜR DEN SCHOKOLADENTEIG
200g Zartbitter-Schokolade
150g Butter
150g Zucker
4 Eier (Größe M)
50g Mehl

FÜR DIE MOUSSE
3 Blatt Gelatine
1/4 l Milch
1 Päckchen Bourbon-Vanillezucker
2 Eiweiße
Salz
80g Zucker
100g Sahne

AUSSERDEM
1 tiefes Backblech oder ofenfeste Form (ca. 20 x 25 cm)
Backpapier
1 Spritzbeutel mit Lochtülle

1 Für den Teig die Schokolade und die Butter mit 100g Zucker in einer Schüssel über einem heißen Wasserbad schmelzen. Backofen auf 160° vorheizen. Backblech oder Form mit Papier belegen.

2 Die Eier trennen. Eigelbe mit dem Mehl unter die flüssige Schokomasse rühren. Die Eiweiße sehr steif schlagen, dabei den restlichen Zucker einrieseln lassen. Eischnee behutsam unter die Schokomasse heben. Teig gleichmäßig in dem Backblech verteilen und im heißen Ofen (Mitte, Umluft 140°) ca. 30 Min. backen. Aus dem Ofen nehmen und Schokoboden im Backblech abkühlen lassen.

3 Inzwischen für die Mousse die Gelatine ca. 5 Min. in kaltem Wasser einweichen. Knapp 100 ml Milch mit Vanillezucker aufkochen lassen. Gelatine ausdrücken und in der heißen Milch auflösen. Restliche Milch unterrühren. Alles in eine große Schüssel füllen und im Kühlschrank leicht gelieren lassen.

4 Eiweiße mit 1 Prise Salz sehr steif schlagen, dabei den Zucker einrieseln lassen. Sahne halbsteif schlagen und unter die leicht gelierte Milch heben, dann den Eischnee behutsam unterheben. Die Milch-Mousse auf dem Schokoboden im Backblech verteilen, glatt streichen und 1–2 Std. kühl stellen. Zum Servieren den Kuchen mit einem Messer, das zwischendurch immer wieder in heißes Wasser getaucht wird, in gleich große Schnitten schneiden.

Tipp

Für die Kuhflecken-Deko ca. 100g Zartbitter-Schokolade schmelzen und in eine Papierspritztüte (s. Seite 11) geben. Muster auf die Milch-Mousse spritzen, trocknen lassen.

Schoko-Himbeer-Tarte

ZUBEREITUNGSZEIT *1 Std. 10 Min.*
BACKZEIT *20–25 Min.*
KÜHLZEIT *insgesamt 3 Std.*
ZUTATEN *für 1 Springform (Ø 22 cm)*

FÜR DEN BODEN
100 g weiche Butter
(+ Butter für die Form)
50 g Puderzucker | 1 Eigelb | 200 g Mehl
(+ Mehl für die Arbeitsfläche)
1 dunkler Biskuitboden (ca. 1 cm hoch; am besten vom Bäcker)
3 EL Himbeergeist zum Beträufeln

FÜR DAS GELEE UND DIE HIMBEEREN
2 Blatt rote Gelatine
250 g TK-Himbeeren
80 g Puderzucker
250 g frische Himbeeren

FÜR DIE MOUSSE
250 g Sahne | 200 g Zartbitter-Schokolade
2 Eier (Größe M) | 3 Eigelbe
75 g Zucker

AUSSERDEM
1 Spritzbeutel mit kleiner oder mittelgroßer Lochtülle

1 Für den hellen Boden Butter, Puderzucker, Eigelb und Mehl zu einem glatten Teig verkneten. Teig in Folie wickeln und 1 Std. kühl stellen.

2 Backofen auf 180° vorheizen. Die Form buttern. Den Teig auf einer bemehlten Arbeitsfläche ca. 3 mm dünn und rund ausrollen. Die Form damit auskleiden. Teig im heißen Ofen (Mitte, Umluft 160°) in 20–25 Min. goldbraun backen. Aus dem Ofen nehmen und in der Form abkühlen lassen.

3 Inzwischen für das Gelee Gelatine ca. 5 Min. in kaltem Wasser einweichen. TK-Himbeeren mit Puderzucker aufkochen lassen, dann durch ein feines Sieb streichen. Gelatine in der heißen Himbeersauce auflösen.

4 Den dunklen Biskuitboden in Größe der Backform ausschneiden, in die Springform auf den gebackenen Teig legen und mit Himbeergeist gleichmäßig beträufeln. Himbeersauce daraufgießen. Form 1 Std. kühl stellen und das Gelee fest werden lassen. Frische Himbeeren verlesen und nebeneinander an den Tarterand setzen.

5 Für die Mousse Sahne steif schlagen. Schokolade schmelzen. Eier, Eigelbe und Zucker in 5 Min. weiß-schaumig schlagen. Ein Drittel der geschlagenen Sahne mit der flüssigen Schokolade glatt rühren. Restliche Sahne mit dem Ei-Schaum unterheben. Mousse in einen Spritzbeutel füllen und auf dem fest gewordenen Himbeergelee verteilen, z. B. in Blütenform. Tarte nochmals ca. 1 Std. kalt stellen, dann servieren.

Torte Tricolore

ZUBEREITUNGSZEIT *2 Std.*
BACKZEIT *12 Min.*
KÜHLZEIT *insgesamt 1 Std. 40 Min. (Tiefkühlfach) und mind. 2 Std. (Kühlschrank)*
ZUTATEN *für 1 Torte (Ø 24 cm)*

250 g weiße Schokolade
75 g Butter
5 Eier (Größe M)
50 g Zucker
75 g Mehl
50 g gemahlene Mandeln
650 g Sahne
100 g Zartbitter-Schokolade
8 Blatt Gelatine
100 g Vollmilch-Schokolade
2 Eigelbe
2 Passionsfrüchte
150 ml ungesüßter Maracujasaft

AUSSERDEM
1 Backblech
Backpapier
1 Tortenring (Ø 24 cm)

1 Backofen auf 180° (Umluft 160°) vorheizen. Backblech mit Papier belegen. Tortenring daraufsetzen. Für den Boden 100 g weiße Schokolade schmelzen. Butter schaumig schlagen. 3 Eier trennen. Eigelbe und flüssige Schokolade unter die Butter rühren. Eiweiße mit dem Zucker steif schlagen und mit Mehl und Mandeln unter die Schokomasse heben. Teig im Tortenring glatt streichen und im heißen Ofen (Mitte) in ca. 12 Min. goldbraun backen. Tortenboden im Ring auskühlen lassen.

2 Für die dunkle Schicht 200 g Sahne steif schlagen. Zartbitter-Schokolade schmelzen. 1 Blatt Gelatine 5 Min. in kaltem Wasser einweichen. 1 Ei mit 2 EL Wasser über einem heißen Wasserbad schaumig schlagen, Gelatine darin auflösen. Flüssige Schokolade unterrühren. Schüssel vom Wasserbad nehmen, Schlagsahne unterheben. Dunkle Mousse in den Tortenring auf den gebackenen Boden gießen und ca. 40 Min. ins Tiefkühlfach stellen.

3 Für die Vollmilch-Schicht 200 g Sahne steif schlagen. Vollmilch-Schokolade schmelzen. 2 Blatt Gelatine einweichen. Restliches Ei mit 2 EL Wasser über einem heißen Wasserbad schaumig schlagen, Gelatine darin auflösen. Flüssige Schokolade unterrühren. Schüssel vom Wasserbad nehmen, Schlagsahne unterheben. Vollmilch-Mousse auf die dunkle gießen und alles erneut ca. 30 Min. ins Tiefkühlfach stellen.

4 Für die weiße Schicht restliche Sahne steif schlagen. Restliche weiße Schokolade schmelzen. 3 Blatt Gelatine einweichen. Eigelbe mit 2 EL Wasser über einem heißen Wasserbad schaumig schlagen, Gelatine darin auflösen. Flüssige Schokolade unterrühren. Schüssel vom Wasserbad nehmen, Schlagsahne unterheben. Mousse auf der Vollmilch-Mousse verteilen und alles erneut ca. 30 Min. tiefkühlen.

5 Für das Gelee Passionsfrüchte halbieren, auskratzen und mit Maracujasaft erhitzen. Restliche Gelatine einweichen und im heißen Saft auflösen. Leicht abkühlen lassen und auf der weißen Mousse verteilen. Torte mind. 2 Std. kühl stellen, dann servieren.

1.

1. Zunächst die dunkle Mousse in den Tortenring gießen und in 40 Min. im Tiefkühlfach fest werden lassen. Dann die Vollmilch-Mousse darauf verteilen und alles für mind. 30 Min. erneut ins Tiefkühlfach stellen.

2. Die leicht abgekühlte Mischung aus Passionsfruchtfleisch und Maracujasaft mit einem Löffel auf der fertigen Torte verteilen.

2.

3. Schicht für Schicht ein Genuss! Für jede Schicht schlagen Sie Ei oder Eigelbe mit etwas Wasser in einer Schüssel über einem heißen Wasserbad schaumig auf. Eingeweichte Gelatine im warmen Ei-Schaum auflösen und die flüssige Zartbitter-, Vollmilch- oder weiße Schokolade unterrühren. Dann jeweils Schlagsahne unterheben.

3.

4.

4. Es braucht Zeit, bis die einzelnen Schichten im Tiefkühlfach fest geworden sind. Und vor dem Servieren sollte die Torte Tricolore nochmals 2 Std. im Kühlschrank verbringen. Doch der Aufwand lohnt sich: Die Schokoladen-Torte sieht nicht nur wunderschön aus, sondern schmeckt auch ganz köstlich.

Schoko-Donuts mit Gewürzstreuseln

ZUBEREITUNGSZEIT *1 Std. 20 Min.*
BACKZEIT *8–10 Min.*
ZUTATEN *für ca. 25 Stück*

FÜR DIE DONUTS
300g Mehl
3 EL dunkles Kakaopulver
1 Päckchen Backpulver
50g weiche Butter
50g Zucker
1 Ei | 100 ml Milch
ca. 1/2 l Öl zum Frittieren
200g Schokoladenglasur (Fertigprodukt)

FÜR DIE STREUSEL
1 Vanilleschote
100g Mehl (+ Mehl für die Arbeitsfläche)
50g Zucker
50g kalte Butter
1/2 TL Zimtpulver | 1/4 TL Chilipulver

AUSSERDEM
Ausstecher | Küchenpapier
1 Backblech | Backpapier

1 Für die Donuts Mehl mit Kakao und Backpulver mischen. Butter schaumig rühren, dabei den Zucker einrieseln lassen. Zuerst das Ei und die Milch unterrühren, dann die Mehlmischung hinzufügen und alles zu einem glatten Teig verkneten.

2 Teig auf einer mit Mehl bestäubten Arbeitsfläche ca. 1 cm dick ausrollen. Aus dem Teig Kreise mit ca. 5 cm Ø ausstechen (z. B. mit einem Ausstecher oder dem Rand eines Glases oder Schälchens). Dann aus den Kreisen mit einem kleineren Ausstecher jeweils ein Loch in der Mitte ausstechen. Teigreste verkneten und zu weiteren Donuts verarbeiten.

3 Öl zum Frittieren in einer Fritteuse oder einem Topf stark erhitzen. Teigringe portionsweise im heißen Frittieröl in 1–2 Min. pro Seite goldbraun ausbacken. Auf Küchenpapier abtropfen lassen.

4 Backofen auf 200° (Umluft 180°) vorheizen. Backblech mit Papier belegen. Für die Streusel Vanilleschote aufschlitzen, Mark auskratzen. Mehl mit Zucker, Butter, Vanillemark, Zimt und Chilipulver zu Streuseln verkneten. Streusel auf dem Backblech verteilen und im heißen Ofen (Mitte) in 8–10 Min. goldbraun backen.

5 Für die Donuts Schokoglasur nach Packungsangabe schmelzen. Gebackene Donuts damit überziehen, Streusel jeweils sofort daraufstreuen. Donuts sofort oder später servieren. Am nächsten Tag schmecken sie ebenfalls sehr gut.

sahnig & cremig

Cremiger Genuss, zarter Schmelz, Verführung pur!
Gönnen Sie sich Cassis-Törtchen, Kokos-Cheese-Cake
und sahnige Torte von Crème fraîche.
Alle sind zum Anbeißen schön.
Und immer eine Sünde wert.

Kleine Schwarzwälder

ZUBEREITUNGSZEIT *45 Min.*
BACKZEIT *20 Min.*
KÜHLZEIT *insgesamt 2–3 Std.*
ZUTATEN *für 16 Stück*

3 Eier (Größe M)
75 g Zucker
60 g Mehl
20 g Speisestärke
20 g dunkles Kakaopulver
5 Blatt Gelatine
250 g Sahne
3 EL Kirschgeist
250 g entsteinte Sauerkirschen (aus dem Glas)
100 ml Kirschsaft (möglichst ungesüßt)
100 g Gelierzucker 1:1
Schokospäne zum Bestreuen
16 Cocktailkirschen oder schöne Sauerkirschen mit Stiel

AUSSERDEM
1 quadratischer Back- und Dekorierrahmen (ca. 15 x 15 cm) oder
1 quadratische Springform
Backpapier
1 Spritzbeutel mit Lochtülle

1 Backofen auf 180° (Umluft 160°) vorheizen. Backblech mit Papier belegen. Für den Biskuit Eier mit Zucker in ca. 5 Min. schaumig schlagen. Mehl mit Stärke und Kakao mischen, über den Ei-Schaum sieben und unterheben. Quadratischen Rahmen auf das Blech setzen. Den Teig einfüllen und im heißen Ofen (Mitte) ca. 20 Min. backen. Biskuit aus dem Ofen nehmen, auf ein Kuchengitter stürzen und abkühlen lassen. Papier entfernen.

2 Für die Sahne 2 Blatt Gelatine ca. 5 Min. in kaltem Wasser einweichen. Sahne steif schlagen. Den Kirschgeist erwärmen. Gelatine ausdrücken und darin auflösen. Mischung abkühlen lassen, dann unter die geschlagene Sahne heben.

3 Biskuitboden waagerecht halbieren. Eine Hälfte in den Backrahmen legen, knapp zwei Drittel der Sahne daraufstreichen. Restliche Sahne kühlstellen. Boden mit Sahne ebenfalls mind. 1 Std. kühl stellen.

4 Inzwischen restliche Gelatine (3 Blatt) einweichen. Kirschen aus dem Glas gut abtropfen lassen und mit dem Kirschsaft fein pürieren. Mit dem Gelierzucker aufkochen und ca. 4 Min. unter Rühren sprudelnd kochen lassen. Topf vom Herd nehmen, Gelatine im Kirschpüree auflösen. Kirschgelee in 1–2 Std. komplett abkühlen und leicht gelieren lassen. Dann auf die fest gewordene Sahne in die Form füllen und gleichmäßig darauf verteilen. Übrigen Biskuitboden daraufsetzen.

5 Restliche Sahne in einen Spritzbeutel mit Lochtülle geben, 16 gleich große Tupfen auf den Biskuit spritzen und mit Schokospänen bestreuen. Auf jeden Tupfen je 1 Kirsche setzen. Torte erneut 1 Std. kühl stellen.

6 Torte aus dem Rahmen oder der Form lösen und mit einem Säge- oder Elektromesser in 16 gleich große Stücke schneiden.

ZUBEREITUNGSZEIT *1 Std.*

BACKZEIT *10 Min.*

KÜHLZEIT *2–3 Std.*

ZUTATEN *für 8 Stück*

FÜR DEN BISKUITTEIG

4 Eier (Größe M)

50g Zucker | Salz

50g Mehl

3 EL Speisestärke

Puderzucker zum Bestäuben

FÜR DEN CASSIS-JOGHURT

4 Blatt Gelatine

200g Sahne

Saft von 1/2 Zitrone

100g Zucker

250g Joghurt

2 Eiweiße

Salz

80g Cassispüree (Fertigprodukt; ersatzweise 150g TK-Heidelbeeren aufkochen und passieren)

AUSSERDEM

1 Backblech | Backpapier

1 sauberes Geschirrtuch | 8 Gläser oder Joghurtbecher | Ausstecher

Cassis-Törtchen

1 Backofen auf 200° (Umluft 180°) vorheizen. Für den Biskuit die Eier trennen. Eigelbe mit der Hälfte des Zuckers schaumig schlagen. Eiweiße mit restlichem Zucker und 1 Prise Salz steif schlagen. Mehl und Stärke zum Eigelb-Schaum sieben. Ein Drittel des Eischnees hinzufügen. Alles glatt rühren. Restlichen Eischnee behutsam unterheben.

2 Backblech mit Papier belegen. Biskuitteig ca. 1cm dick daraufstreichen. Im heißen Ofen (Mitte) ca. 10 Min. backen. Aus dem Ofen nehmen und so auf ein mit Puderzucker bestäubtes Tuch stürzen, dass das Backpapier oben ist. Papier entfernen.

3 8 Gläser oder Joghurtbecher bereitstellen. Biskuit in 8 ca. 3cm breite und je nach Glasumfang 12–16cm lange Streifen schneiden. Aus dem restlichen Biskuit 8 kleine Kreise ausstechen (z.B. mit einem Ausstecher oder dem Rand eines Glases). Jedes Glas mit je 1 Biskuitkreis füllen und rundherum mit 1 Biskuitstreifen auslegen.

4 Für den Cassis-Joghurt Gelatine ca. 5 Min. in kaltem Wasser einweichen. Sahne steif schlagen. Zitronensaft mit der Hälfte des Zuckers aufkochen, Gelatine darin auflösen. Dann den Joghurt unterrühren. Eiweiße mit 1 Prise Salz steif schlagen, dabei den restlichen Zucker einrieseln lassen. Sahne unter den Joghurt heben, dann den Eischnee behutsam unterheben. Die Hälfte der Joghurtmousse mit dem Cassispüree vermischen. Helle und dunkle Mousse abwechselnd in die Gläser bzw. Joghurtbecher füllen und mit einem Kochlöffelstiel marmorieren. Alles 2–3 Std. kühl stellen, dann aus den Gläsern lösen und servieren.

Tipp

Clou auf den Törtchen sind fruchtige Chips, die aus Kirsch-Joghurt-Bonbons gemacht werden (s. Seite 15). Dafür Bonbons zermahlen, in eine runde Schablone streuen und unter dem heißen Backofengrill in ca. 10 Sekunden schmelzen. Dann abkühlen lassen.

Torte von Crème fraîche und grünem Apfel

ZUBEREITUNGSZEIT *1 Std. 30 Min.*
BACKZEIT *12 Min.*
KÜHLZEIT *insgesamt 4 Std.*
ZUTATEN *für 1 Springform (Ø 24cm)*

FÜR DEN BODEN
100g weiche Butter
50g Puderzucker
1 TL Zimtpulver
2 Eier (Größe M)
Salz
100g Mehl

FÜR DIE CREME
4 Blatt Gelatine
400g Crème fraîche
2 sehr frische Eiweiße
Salz
50g Zucker

APFELGELEE S. RECHTS

1 Backofen auf 180° (Umluft 160°) vorheizen. Butter mit Puderzucker und Zimt schaumig schlagen. Eier trennen. Eigelbe unter die Butter rühren, Eiweiße mit 1 Prise Salz steif schlagen. Eischnee abwechselnd mit dem Mehl unter die Buttermischung rühren.

2 Den Boden der Springform mit Backpapier belegen. Teig gleichmäßig ca. 1 cm dick darauf verteilen, glatt streichen und im heißen Ofen (Mitte) in ca. 12 Min. goldbraun backen. Aus dem Ofen nehmen und in der Form abkühlen lassen.

3 Für die Creme Gelatine ca. 5 Min. in kaltem Wasser einweichen, dann ausdrücken und in einer Schüssel über einem heißen Wasserbad in 2 EL Crème fraîche auflösen. Restliche Crème fraîche unterrühren. Eiweiße mit 1 Prise Salz steif schlagen, dabei den Zucker einrieseln lassen. Eischnee behutsam unter die Crème fraîche heben. Mousse auf den gebackenen Boden gießen, glatt streichen und 1 Std. kühl stellen.

1. Den Boden der Springform mit Backpapier belegen. Den Teig gleichmäßig ca. 1 cm dick darauf verteilen und glatt streichen. 2. Crème-fraîche-Mousse auf den gebackenen Boden gießen, glatt streichen und 1 Std. kühl stellen. 3. Einen Teil der vorbereiteten Äpfel mit Apfelschalen, Zuckersirup, Zitronensaft sowie Vitamin-C-Pulver sehr fein pürieren. 4. Torte vor dem Servieren 2–3 Std. kühl stellen und das Gelee schnittfest werden lassen.

FÜR DAS APFELGELEE

80 g Zucker
2 säuerliche grüne Äpfel (Granny Smith)
Saft von 1 Zitrone
1/2 TL Vitamin-C-Pulver (Ascorbinsäure)
4 Blatt Gelatine

4 In der Zwischenzeit für das Apfelgelee Zucker mit 150 ml Wasser in einem Topf verrühren und ca. 5 Min. bei mittlerer Hitze leise kochen, dann auskühlen lassen. Äpfel waschen und schälen. Apfelschalen klein schneiden und aufheben. Äpfel vierteln und entkernen. Ein Drittel davon mit den Apfelschalen, dem abgekühlten Zuckersirup, dem Zitronensaft sowie dem Vitamin-C-Pulver in einem Mixer oder mit dem Pürierstab in 2–3 Min. fein pürieren. Das Püree soll eine leuchtend grüne Farbe haben.

5 Die restlichen Apfelviertel in winzige Würfel schneiden und gleichmäßig auf der Crème-fraîche-Mousse verteilen.

6 Für das Gelee Gelatine einweichen, dann ausdrücken und in 2 EL Apfelpüree in einer Schüssel über einem heißen Wasserbad auflösen. Restliches Apfelpüree unterrühren und das Gelee gleichmäßig über die Apfelwürfelchen auf die Mousse gießen. Torte bis zum Servieren 2–3 Std. kühl stellen und das Gelee dabei schnittfest werden lassen (s. auch Foto Seite 42). Torte zum Servieren aus der Form lösen.

Kokos-Cheese-Cake mit Erdbeeren

ZUBEREITUNGSZEIT *40 Min.*

BACKZEIT *50–60 Min.*

KÜHLZEIT *3 Std.*

ZUTATEN *für 1 Springform (Ø 24 cm)*

300 g Mürbeteiggebäck
100 g Butter
850 g Sahnequark
3 EL Kokoslikör (Batida de Coco)
50 g Kokospulver (Asienladen)
150 g Zucker
50 g Crème fraîche
30 g Mehl
4 Eier (Größe M)
2 Eigelbe
50 g Kokosraspel (nach Belieben)
250 g Erdbeergelee (ersatzweise Himbeergelee)
Saft von 1/2 Zitrone
ca. 500 g frische Erdbeeren (ca. 25–30 Stück)

AUSSERDEM

Backpapier

1 Für den Boden die Plätzchen zerkrümeln und mit der Butter vermischen. Den Boden einer Springform mit Backpapier belegen, darauf gleichmäßig die Bröselmischung verteilen und festdrücken.

2 Backofen auf 160° vorheizen. Für die Creme Quark, Kokoslikör, Kokospulver, Zucker und Crème fraîche mischen. Mehl darübersieben und untermischen. Dann nach und nach die ganzen Eier und zum Schluss die Eigelbe unterrühren.

3 Quark-Kokos-Masse auf die Bröselmischung verteilen und 50–60 Min. im heißen Ofen (Mitte, Umluft 140°) backen. Cheesecake aus dem Ofen nehmen und in der Form auskühlen lassen.

4 Cheesecake aus der Form lösen. Kokosraspel leicht mit den Fingern oder mit einem Teigspachtel an den Tortenrand drücken. Erdbeergelee zusammen mit Zitronensaft in einem Topf aufkochen. Erdbeeren waschen, putzen, durch das Gelee ziehen und nebeneinander auf den Cheesecake setzen. Cheesecake bis zum Servieren kühl stellen.

Sahniges Kirschen-Herz

ZUBEREITUNGSZEIT *45 Min.*
BACKZEIT *10 Min.*
KÜHLZEIT *2 Std. oder über Nacht*
ZUTATEN *für 1 Torte in Herzform*

80g Zartbitter-Schokolade
50g Butter | 2 Eier (Größe M)
50g Zucker | 50g Mehl
30g gemahlene Mandeln
400g reife Kirschen
150ml Kirschsaft (möglichst ungesüßt)
5 Blatt Gelatine | 250g Sahne
150g Crème fraîche
3 EL Maraschino-Likör

FÜR DIE DEKORATION
Schokospäne zum Garnieren
farbiger Dekorzucker

AUSSERDEM
1 Backblech | Backpapier
1 Back- und Dekorahmen in Herzform (ca. 20cm breit, 5cm hoch)

1 Schokolade schmelzen. Butter schaumig schlagen. Eier trennen. Eigelbe mit der flüssigen Schokolade unter die Butter rühren. Eiweiße steif schlagen, dabei den Zucker einrieseln lassen. Eischnee abwechselnd mit dem Mehl und den Mandeln unter die Schokomasse heben.

2 Backofen auf 180° (Umluft 160°) vorheizen. Backblech mit Papier belegen. Herzförmigen Dekorahmen daraufsetzen. Teig gleichmäßig ca. 1cm dick darin verteilen, glatt streichen und im heißen Ofen (Mitte) in ca. 12 Min. goldbraun backen. Aus dem Ofen nehmen und im Dekorahmen auskühlen lassen.

3 Inzwischen die Kirschen waschen, putzen und entsteinen. 2–3 Kirschen für die Dekoration beiseitelegen. Kirschsaft mit den restlichen Kirschen ca. 10 Min. leise kochen lassen, dann sehr fein pürieren. Gelatine ca. 5 Min. in kaltem Wasser einweichen, ausdrücken und im heißen Kirschpüree auflösen. Püree vollständig im Kühlschrank auskühlen und leicht gelieren lassen.

4 Die Sahne steif schlagen. Das Kirschpüree aus dem Kühlschrank nehmen, mit Crème fraîche und Maraschino-Likör glatt rühren, Sahne unterheben.

5 Kirschcreme in die Herzform füllen, glatt streichen und alles erneut mind. 2 Std., am besten über Nacht, in der Form kühl stellen. Zum Servieren die Form entfernen. Zum Garnieren Schokospäne mit einem Teigspachtel an den Tortenrand drücken. Torte nach Belieben mit Dekorzucker bestreuen und mit den beiseitegelegten Kirschen belegen.

4.

1. Für die sahnige Creme das selbst gemachte Kirschpüree mit Crème fraîche und Maraschino-Likör glatt rühren. Dann die steif geschlagene Sahne dazugeben und behutsam unterheben.

2. Die Kirschcreme in die Form füllen, glatt streichen und mind. 2 Std. kühl stellen. So wird sie schön fest. Erst danach den Backrahmen entfernen. Sie besitzen keinen Backrahmen in Herzform? Die Kirsch-Torte können Sie auch in einer kleinen Springform (Ø 22 cm) zubereiten.

3. Die Schokospäne drücken Sie am besten mit einem Teigspachtel vorsichtig an den Tortenrand. Schokospäne vorher kurz kühl stellen. Dann lassen sie sich besser verarbeiten.

4. Bestreuen Sie die sahnige Kirschen-Torte zum Schluss mit farbigem Dekorzucker – nicht nur zu Muttertag eine glänzende Idee. Glitzernden Dekorzucker finden Sie in großen Supermärkten bei den Backzutaten und manchmal auch dort, wo es Deko-Zutaten für Cocktails gibt. Für besonders feine Schokospäne am besten Lieblingsschokolade kühlen und dünn hobeln.

Tiramisu-Kuppel-Torte

ZUBEREITUNGSZEIT *50 Min.*

BACKZEIT *35 Min.*

KÜHLZEIT *3 Std. oder über Nacht*

ZUTATEN *für 1 Kuppel-Torte (Ø ca. 18 cm)*

FÜR DEN BISKUITTEIG

3 Eier (Größe M) | 75 g Puderzucker

Salz | 50 g Zucker | 100 g Mehl

FÜR DIE CREME

3 Blatt Gelatine

3 sehr frische Eier (Größe M)

75 g Puderzucker

250 g Mascarpone | Salz

1 Päckchen Bourbon-Vanillezucker

ZUM BETRÄUFELN

150 ml kalter Espresso

50 ml Amaretto (ersatzweise Espresso)

2 EL Grappa (nach Belieben)

dunkles Kakaopulver zum Bestäuben

AUSSERDEM

1 halbrunde, ofenfeste Glas- oder Metallschüssel (Ø ca. 18 cm)

Butter für die Form

1 Backofen auf 180° vorheizen. Die halbrunde, ofenfeste Schüssel dick mit Butter ausstreichen. Für den Teig die Eier trennen. Eigelbe mit dem Puderzucker schaumig schlagen. Eiweiße mit 1 Prise Salz steif schlagen, dabei den Zucker einrieseln lassen. Mehl zum Eigelb-Schaum sieben und unterrühren. Ein Drittel des Eischnees unterrühren. Restlichen Eischnee behutsam unterheben.

2 Biskuitmasse in die halbrunde Schüssel geben und im heißen Ofen (Mitte, Umluft 160°) ca. 35 Min. backen. Aus dem Ofen nehmen, auf ein Kuchengitter stürzen und auskühlen lassen.

3 Für die Creme Gelatine ca. 5 Min. in kaltem Wasser einweichen. Eier trennen. Eigelbe mit dem Puderzucker in einer Schüssel über einem heißen Wasserbad schaumig schlagen. Gelatine ausdrücken und im warmen Eigelbschaum auflösen. Mascarpone unterrühren. Eiweiße mit 1 Prise Salz steif schlagen, dabei den Vanillezucker einrieseln lassen. Den Eischnee behutsam unter die Mascarponecreme heben.

4 Biskuitkuppel waagerecht in ca. 1,5 cm dicke Scheiben schneiden. Espresso mit Amaretto und Grappa verrühren, Biskuitscheiben damit gleichmäßig beträufeln.

5 Die halbrunde Schüssel säubern und mit Folie auskleiden, Mascarponecreme abwechselnd mit den Biskuitscheiben einschichten, dabei mit einer Biskuitscheibe abschließen. Torte in der Schüssel 3 Std. oder über Nacht kühl stellen. Zum Servieren die gekühlte Torte auf eine Platte stürzen und großzügig mit Kakao bestäuben.

Erdbeer-Trifle mit süßer Basilikumsahne

ZUBEREITUNGSZEIT *45 Min.*
BACKZEIT *20 Min. und 6 Min.*
KÜHLZEIT *2 Std.*
ZUTATEN *für 6 Portionen*

FÜR DEN BISKUITTEIG
2 Eier (Größe M) | 50 g Zucker
40 g Mehl | 20 g Speisestärke
1–2 EL Orangenlikör zum Beträufeln

FÜR BEEREN, STREUSEL UND SAHNE
250 g frische Erdbeeren
2 Blatt Gelatine
250 g aufgetaute TK-Erdbeeren
ca. 70 g Puderzucker | Saft von 1 Zitrone
1 Vanilleschote | 100 g Mehl
140 g Zucker | 50 g kalte Butter
1 Bund Basilikum
250 g Sahne

AUSSERDEM
1 kleine eckige Springform (ca. 20 x 20 cm)
1 Backblech | Backpapier | 6 Gläser

1 Backofen auf 180° (Umluft 160°) vorheizen. Boden der Springform mit Papier belegen. Für den Teig die Eier mit dem Zucker in einer großen Schüssel ca. 5 Min. schaumig-steif schlagen. Das Mehl mit der Stärke mischen, zum Ei-Schaum sieben und unterheben. Biskuitteig in die Form füllen und im heißen Ofen (Mitte) in ca. 20 Min. goldbraun backen. Aus dem Ofen nehmen, auf ein Kuchengitter stürzen und abkühlen lassen.

2 Inzwischen frische Erdbeeren waschen, putzen und je nach Größe halbieren oder vierteln. Erdbeerstücke in Gläser verteilen. Gelatine ca. 5 Min. in kaltem Wasser einweichen. TK-Erdbeeren mit 50 g Puderzucker und dem Saft von 1/2 Zitrone in einen Topf geben, aufkochen und ca. 10 Min. bei mittlerer Hitze leise kochen lassen. Dann durch ein feines Sieb in eine Schüssel passieren, Gelatine in dem heißen Saft auflösen. Mischung über die Erdbeeren in die Gläser gießen und im Kühlschrank gelieren lassen.

3 Für die Streusel das Backblech mit Papier belegen. Vanilleschote aufschlitzen, Mark auskratzen. Mehl mit 40 g Zucker, Butter und Vanillemark zu Streuseln verkneten. Streusel auf dem Blech verteilen und im noch heißen Ofen (Mitte) bei 180° (Umluft 160°) in 6–8 Min. goldbraun backen.

1. Biskuitwürfel auf das Erdbeergelee streuen und jeweils mit 1 Spritzer Likör beträufeln. 2. Erdbeer-Trifle mit den gebackenen Streuseln bestreuen und mit Puderzucker bestäubt servieren. 3. Im Winter die Trifle mal mit Mango und Kokoscreme zubereiten (s. Tipp). 4. Chili und Schokocreme verleihen der Sauerkirschvariante Pep (s. Tipp).

4 Biskuit in ca. 2 cm große Würfel schneiden und auf das Erdbeergelee in die Gläser verteilen. Biskuitwürfel jeweils mit 1 Spritzer Orangenlilör beträufeln.

5 Für die Basilikumsahne den restlichen Zucker mit 75 ml Wasser ca. 1 Min. kochen, dann abkühlen lassen. Basilikum waschen und trockenschütteln, Blätter vom Stiel zupfen und mit dem Zuckersirup und restlichen Zitronensaft in einem Mixer oder mit dem Pürierstab fein pürieren. Die Sahne steif schlagen, Basilikumpüree unterheben. Basilikumsahne auf die Biskuitwürfel in die Gläser verteilen, mit Streuseln bestreuen und mit dem restlichen Puderzucker bestäubt servieren.

Trifle-Varianten

*Für **Mango-Trifle** würfeln Sie das Fruchtfleisch von 1 Mango und bereiten das Gelee aus 200 ml Maracujasaft und 50 g Passionsfruchtmark zu. Biskuit mit Kokoslikör beträufeln. Die halbsteife Sahne mit 50 g Kokospulver (aus dem Asienladen) statt mit Basilikum aromatisieren.*
*Für **Sauerkirsch-Chili-Trifle** statt Erdbeeren Sauerkirschen verwenden. Für das Gelee 200 ml Kirschsaft mit 1/2 Chilischote aufkochen. Biskuit mit Rum beträufeln. Die Creme aus 100 g flüssiger Schokolade und Schlagsahne zubereiten.*

fruchtig & beschwipst

Wie frech sind die denn? Süße Früchte-Burger, Beeren-Pizza und Piña-colada-Cornets kommen ganz schön verrückt daher. Und sehen nicht nur gut aus, sondern schmecken auch einfach genial.

Pfirsich-Tarte-Tatin mit Rosmarin

ZUBEREITUNGSZEIT *20 Min.*
BACKZEIT *15–20 Min.*
ZUTATEN *für 8 Tartelettefӧrmchen (Ø ca. 8 cm)*

4 Pfirsiche
75 g weiche Butter
8 EL Zucker
8 kleine Zweige Rosmarin
1 Packung rechteckig ausgerollter Blätterteig (aus dem Kühlregal; ca. 275 g)

AUSSERDEM
1 Backblech
Ausstecher

1 Die Pfirsiche waschen und halbieren, den Kern entfernen. Den Backofen auf 200° (Umluft 180°) vorheizen.

2 Die Tartelettefӧrmchen dick mit Butter ausstreichen und mit je 1 EL Zucker ausstreuen. Rosmarin waschen und trockenschütteln. In jedes Fӧrmchen 1 Rosmarinzweig legen, darauf je 1 Pfirsichhälfte mit der Schnittfläche nach unten setzen.

3 Aus dem Blätterteig 8 Kreise mit ca. 8 cm Ø ausstechen (z. B. mit einem Ausstecher oder dem Rand eines Glases oder Schälchens). Auf jede Pfirsichhälfte je 1 Blätterteigkreis legen. Pfirsich-Tartes auf das Backblech setzen und im heißen Ofen (Mitte) 15–20 Min. backen.

4 Tartes aus dem Ofen nehmen, auf Teller stürzen und am besten warm servieren.

Tipp

Sie kӧnnen die kleinen Tartes auch in Muffinsfӧrmchen backen. Servieren Sie sie im Sommer lauwarm mit Vanilleeis zum Dessert.

Creme-brûlée-Torte

ZUBEREITUNGSZEIT *1 Std. 30 Min.*
MARINIERZEIT *über Nacht*
BACKZEIT *1 Std.*
KÜHLZEIT *insgesamt 2–3 Std.*
ZUTATEN *für 1 kleine Springform (Ø ca. 20 cm)*

FÜR DIE BIRNEN
3 mittelgroße Birnen | 1 Bio-Orange
400 ml Rotwein | 100 g Zucker
2 Sternanis | 3 Nelken
3 Kardamomkapseln
2 Zimtstangen

FÜR BODEN UND CREME
100 g weiche Butter
(+ Butter für die Form)
50 g Puderzucker
6 Eigelbe
200 g Mehl
(+ Mehl für die Arbeitsfläche)
1 heller Biskuitboden
(ca. 1 cm hoch; am besten vom Bäcker)
2 Vanilleschoten
1/4 l Milch
250 g Sahne
100 g Zucker
50 g brauner Zucker

1 Birnen schälen, halbieren und entkernen. Orange heiß waschen, Schale abreiben, Saft auspressen. Beides mit Rotwein, Zucker, Anis, Nelken, Kardamom und Zimt aufkochen. Birnen dazugeben und im Sud ca. 10 Min. leise kochen lassen. Topf vom Herd ziehen. Birnen im Sud über Nacht im Kühlschrank durchziehen lassen.

2 Für den Boden Butter, Puderzucker, 1 Eigelb und das Mehl zu einem glatten Teig verkneten. Teig in Folie wickeln und 1 Std. kühl stellen.

3 Backofen auf 180° (Umluft 160°) vorheizen. Die Springform buttern. Den Teig auf einer bemehlten Arbeitsfläche ca. 3 mm rund und dünn ausrollen. Die Form damit auskleiden. Teig mit einer Gabel einstechen und im heißen Ofen (Mitte) ca. 20 Min. vorbacken, dann aus dem Ofen nehmen. Hellen Biskuitboden in der Größe der Form zurechtschneiden und auf den gebackenen Teig legen.

4 Ofentemperatur auf 150° (Umluft 130°) reduzieren. Restliche Eigelbe in eine Schüssel geben. Vanilleschoten aufschlitzen, Mark auskratzen. Milch, Sahne, Zucker und Vanillemark in einem Topf aufkochen. Zunächst 3–4 EL davon unter die Eigelbe rühren, dann diese Mischung glatt unter die restliche Milch-Sahne-Mischung rühren. Masse über einem heißen Wasserbad weiterrühren, bis eine dickflüssige Creme entsteht.

5 Birnen aus dem Sud nehmen und auf den Biskuit legen. Vanillecreme daraufgießen und im Ofen (Mitte) ca. 1 Std. backen. Aus dem Ofen nehmen und auskühlen lassen. Zum Servieren die Creme mit dem braunen Zucker bestreuen und mit einem Bunsenbrenner oder unter dem Backofengrill goldbraun karamellisieren lassen.

Soufflierte Frucht-Tartelettes

ZUBEREITUNGSZEIT *1 Std. + 15 Min.*
BACKZEIT *12–14 Min.*
ZUTATEN *für 4–6 Tarteletteförmchen (Ø 8–12 cm)*

100 g Mehl
(+ Mehl für Arbeitsfläche und Förmchen)
100 g Puderzucker
(+ Puderzucker zum Bestäuben)
50 g Frischkäse | 50 g weiche Butter
(+ Butter für die Förmchen)
5 Orangen | 250 g Himbeeren
4 EL Orangenlikör
1 Vanilleschote | Saft von 1 Zitrone
50 g Mascarpone
1 EL Speisestärke
3 Eiweiße | Salz | 50 g Zucker
1 heller Biskuitboden
(ca. 1 cm hoch; am besten vom Bäcker)

AUSSERDEM
Ausstecher | Backpapier
getrocknete Hülsenfrüchte zum Blindbacken

1 Mehl, 50 g Puderzucker, Frischkäse und Butter zu einem glatten Teig verkneten. Teig in Folie wickeln und 1 Std. kühl stellen. Inzwischen für die Füllung Orangen großzügig schälen und filetieren. Filets mit Himbeeren, Orangenlikör und restlichem Puderzucker mischen und ca. 10 Min. marinieren.

2 Backofen auf 200° (Umluft 180°) vorheizen. Förmchen buttern und mit Mehl bestäuben. Teig auf einer mit Mehl bestäubten Arbeitsfläche ca. 3 mm dünn ausrollen. Aus dem Teig 4–6 Kreise ausstechen (z. B. mit einem Ausstecher oder dem Rand einer Müslischale). Teigkreise in die Förmchen drücken, dabei einen Rand hochziehen. Teig mehrmals mit einer Gabel einstechen. Backpapier zuschneiden, auf den Teig legen und mit Hülsenfrüchten beschweren (s. Seite 15). Teig im heißen Ofen (Mitte) 12–14 Min. blindbacken. Aus dem Ofen nehmen und auskühlen lassen. Papier und Hülsenfrüchte entfernen, dann aus den Förmchen lösen.

3 Für die Füllung Vanilleschote aufschlitzen, Mark auskratzen und mit Zitronensaft, Mascarpone und Stärke glatt rühren. Eiweiße mit 1 Prise Salz steif schlagen, dabei den Zucker einrieseln lassen. Eischnee unter die Mascarponemischung heben.

4 Backofengrill vorheizen. Aus dem hellen Biskuitboden 8–12 kleine Kreise (Ø 4 cm) ausstechen (z. B. mit einem Ausstecher oder mit dem Rand eines schmalen Glases oder Eierbechers). Je 2 Kreise in die gebackenen Tarteletteböden legen. Orangen und Himbeeren mit etwas Marinierflüssigkeit darauf verteilen. Mit 2–3 EL Mascarponecreme bedecken. Törtchen unter dem Backofengrill ca. 1 Min. gratinieren. Mit Puderzucker bestäuben und am besten lauwarm servieren.

Süße Früchte-Burger

ZUBEREITUNGSZEIT *1 Std.*
BACKZEIT *2 x 12–15 Min.*
RUHEZEIT *30 Min.*
ZUTATEN *für ca. 30 Stück*

FÜR DIE „BRÖTCHEN"
125 g gemahlene Mandeln
210 g Puderzucker
1 TL Zimtpulver
3 Eiweiße
30 g Zucker
50 g Sesamsamen

FÜR DIE FÜLLUNG
50 g Vollmilch-Schokolade
100 g Zartbitter-Schokolade
75 g Sahne
2 reife Mangos
12 Erdbeeren
2 Äpfel (z. B. Granny Smith)
Saft von 1 Zitrone
50 g weiche Butter
30 kleine Minzeblätter

AUSSERDEM
1 Spritzbeutel mit kleiner Lochtülle
2 Backbleche | Backpapier | Ausstecher

1 Backbleche mit Papier belegen. Für die „Brötchen" Mandeln mit Puderzucker und Zimt mischen. Eiweiße steif schlagen, dabei den Zucker einrieseln lassen. Mandelmischung behutsam unterheben. Masse in den Spritzbeutel füllen und in ca. 60 kleinen Tupfen auf die Bleche spritzen. Die Hälfte der Tupfen mit Sesam bestreuen. Alle Teigtupfen ca. 30 Min. antrocknen lassen. Inzwischen Backofen auf 160° (Umluft 140°) vorheizen.

2 Für die Füllung beide Schokoladensorten hacken. Sahne aufkochen, vom Herd ziehen. Schokolade nach und nach unterrühren, dann abkühlen lassen.

3 Teigtupfen im heißen Ofen (Mitte) jeweils 12–15 Min. backen, bei Umluft Bleche zusammen in den Ofen schieben. Aus dem Ofen nehmen und Tupfen jeweils auf dem Blech auskühlen lassen.

4 Inzwischen Mangos schälen und in dünnen Scheiben vom Kern schneiden. Scheiben in 30 ca. 3 x 3 cm große Quadrate schneiden. Erdbeeren waschen und ebenfalls in 30 Scheiben schneiden. Äpfel bis zum Kerngehäuse in dünne Scheiben hobeln. Aus den Apfelscheiben unterschiedliche Kreise ausstechen (z. B. mit einem Ausstecher oder mit dem Rand eines schmalen Glases oder Eierbechers). Kreise dann mit kleineren Ausstechern zu Ringen ausstechen, sodass sie wie Zwiebelringe aussehen. Die Apfelringe mit Zitronensaft beträufeln.

5 Abgekühlte Schoko-Sahne mit einem Handrührgerät cremig rühren, Butter unterrühren. Creme in den Spritzbeutel füllen und in kleinen Tupfen auf die Unterseite der Brötchen-Plätzchen ohne Sesam spritzen. Jeweils 1 Erdbeer- und Mangoscheibe, 2–3 Apfelringe und 1 Minzeblatt darauflegen und alles mit 1 Sesam-Plätzchen belegen. Süße Burger am besten sofort servieren.

Pizza mit Beeren und Basilikum

ZUBEREITUNGSZEIT *50 Min.*

RUHEZEIT *1 Std.*

BACKZEIT *8 Min.*

ZUTATEN *für 4 Stück*

1/2 Würfel frische Hefe (ca. 20 g)
350 g Mehl
(+ Mehl für die Arbeitsfläche)
100 g gemahlene Mandeln
1 EL Zucker | Salz
250 g aufgetaute TK-Himbeeren
2 EL Puderzucker
16 kleine Mozzarellakugeln
3–4 EL brauner Zucker
500 g frische gemischte Beeren
(z. B. Erdbeeren, Brombeeren,
Himbeeren, Heidelbeeren)
2 EL Limettensaft
2 EL Puderzucker
3–4 Stängel Basilikum

AUSSERDEM

1 Backblech
Backpapier

1 Hefe in 1/4 l lauwarmem Wasser auflösen. Mehl, Mandeln, Zucker und 1 kleine Prise Salz hinzufügen. Alles zu einem glatten, geschmeidigen Teig verkneten. Teig in vier Stücke teilen. Jedes Viertel zu einer Kugel formen, mit einem Tuch bedecken und an einem warmen Ort ca. 1 Std. aufgehen lassen.

2 Inzwischen TK-Himbeeren mit Puderzucker 10 Min. bei mittlerer Hitze leise kochen lassen, dann pürieren und durch ein feines Sieb passieren. Himbeersauce abkühlen lassen. Mozzarellakugeln halbieren.

3 Backofen auf 250° (Umluft 220°) vorheizen. Backblech mit Papier belegen. Teigkugeln auf einer bemehlten Arbeitsfläche zu runden, flachen Fladen ausrollen. Teigfladen auf das Backblech legen und mit der Himbeersauce bestreichen. Mozzarella darauflegen und alles mit braunem Zucker bestreuen. Pizzen im heißen Ofen (Mitte) ca. 8 Min. backen.

4 Währenddessen die frischen Beeren waschen und putzen. Erdbeeren in dicke Scheiben schneiden. Beeren mit Limettensaft und Puderzucker aromatisieren. Basilikum waschen, trocken schütteln, Blätter abzupfen und in feine Streifen schneiden. Pizzen aus dem Ofen nehmen, mit Erdbeerscheiben und Beeren belegen, mit Basilikum bestreuen und sofort servieren.

Quark-Törtchen mit Himbeeren

ZUBEREITUNGSZEIT *1 Std.*

BACKZEIT *10 Min.*

KÜHLZEIT *insgesamt 3 Std. 30 Min.*

ZUTATEN *für 6 Törtchen (Ø ca. 8 cm)*

FÜR DIE BÖDEN

75 g weiche Butter

25 g Puderzucker | 1 Eigelb | 150 g Mehl (+ Mehl für die Arbeitsfläche)

1 heller Biskuitboden (ca. 1 cm hoch; am besten vom Bäcker)

100 g Himbeerkonfitüre

3–4 EL Himbeergeist

FÜR DIE FÜLLUNG

3 Blatt Gelatine | 1 Vanilleschote

50 ml Milch | 250 g Magerquark

150 g Sahne | 2 sehr frische Eiweiße

Salz | 50 g Zucker | 200 g TK-Himbeeren

2 Blatt rote Gelatine

300 g frische Himbeeren

30 g Mandelblättchen zum Bestreuen

AUSSERDEM

1 Backblech | Pergament- oder Backpapier | Ausstecher

1 Für den Mürbeteig-Boden Butter, Puderzucker, Eigelb und Mehl zu einem Mürbeteig verkneten. Teig in Folie wickeln und 30 Min. kühl stellen.

2 Aus dem Biskuitboden Kreise (Ø ca. 8 cm) ausstechen (z. B. mit einem Ausstecher oder dem Rand eines Glases oder Schälchens).

3 Backofen auf 180° (Umluft 160°) vorheizen. Backblech mit Papier belegen. Den Mürbeteig auf einer bemehlten Arbeitsfläche ca. 3 mm dünn ausrollen, daraus ebenfalls Kreise (Ø ca. 8 cm) ausstechen. Mürbeteigkreise auf das Backblech geben und im heißen Ofen (Mitte) in ca. 10 Min. goldbraun backen. Aus dem Ofen nehmen, auskühlen lassen, mit Himbeerkonfitüre bestreichen und mit den Biskuitkreisen belegen. Biskuits mit Himbeergeist beträufeln. Pergament- oder Backpapier in 6 cm breite Streifen schneiden. Um jeden Mürbeteig-Biskuit-Boden je 1 Papierstreifen wickeln und mit Klebefilm fixieren.

4 Für die Quarkcreme die helle Gelatine ca. 5 Min. in kaltem Wasser einweichen. Vanilleschote aufschlitzen, Mark auskratzen und mit der Milch erhitzen. Gelatine ausdrücken, in der heißen Milch auflösen und mit dem Quark verrühren. Sahne halbsteif schlagen und unterrühren. Eiweiße mit 1 Prise Salz steif schlagen, dabei den Zucker einrieseln lassen. Eischnee behutsam unter den Vanille-Sahne-Quark heben. Die Creme in die Papierringe auf die Mürbeteig-Biskuit-Böden geben und alles ca. 2 Std. kühl stellen.

1. Aus dem dünn ausgerollten Mürbeteig Kreise mit ca. 8 cm Ø ausstechen. 2. Die gebackenen Mürbeteigkreise mit Himbeerkonfitüre bestreichen und mit Biskuitkreisen belegen. 3. Um jeden Mürbeteig-Biskuit-Boden 1 Streifen aus Pergament- oder Backpapier wickeln und mit Klebefilm fixieren. 4. Quarkcreme am besten mit Hilfe eines Spritzbeutels in die Papierringe füllen.

5 Inzwischen TK-Himbeeren mit 50 ml Wasser in einen Topf geben, aufkochen und bei schwacher Hitze 10 Min. leise kochen lassen. Himbeermasse dann durch ein feines Sieb in eine Schüssel streichen. Rote Gelatine ca. 5 Min. in kaltem Wasser einweichen, ausdrücken und im heißen Himbeersaft auflösen.

6 Himbeersaft in die Ringe auf die Quarkcreme gießen. Die frischen Himbeeren waschen, trocken tupfen und darauf verteilen. Törtchen nochmals 1 Std. kühl stellen. Dann vorsichtig das Papier von den Törtchen entfernen. Mandelblättchen in einer Pfanne ohne Fett rösten. Törtchen mit den Mandelblättchen bestreuen (s. auch Foto Seite 66) und servieren.

Tipp:

Statt 6 Mini-Törtchen können Sie aus den Zutaten in einer kleinen Springform oder einem Tortenring auch 1 Torte (Ø ca. 20 cm) zubereiten.

Sushi-Obst-Törtchen

ZUBEREITUNGSZEIT *1 Std. 30 Min.*
BACKZEIT *10 Min.*
KÜHLZEIT *insgesamt 1 Std. 15 Min.*
ZUTATEN *für 36–48 Stück*

FÜR DEN REIS UND DIE FÜLLUNG
150 g japanischer Sushi-Reis
80 ml Kokosmilch (aus der Dose)
2 EL Zucker
2 Blatt Gelatine
50 ml Pflaumenwein
80 g Sahne
1/4 reife Mango
1/4 Honigmelone oder
1 kleines Stück Wassermelone

FÜR BISKUITTEIG UND GLASUR
4 Eier (Größe M)
4 EL Zucker | Salz
50 g Mehl
3 EL Speisestärke
Puderzucker zum Bestäuben
100 g Zartbitter-Schokolade

AUSSERDEM
1 Backblech | Backpapier
Sushi-Bambusmatte (falls vorhanden)

1 Den Reis in einem Topf mit 150 ml kaltem Wasser, Kokosmilch und Zucker aufkochen und ca. 1 Min. sprudelnd kochen lassen, dann bei kleiner Hitze zugedeckt 15–20 Min. garen, dabei immer wieder durchrühren. Anschließend Reis in eine große flache Schale füllen. Inzwischen Gelatine ca. 5 Min. in kaltem Wasser einweichen. 25 ml Pflaumenwein erhitzen, Gelatine ausdrücken und darin auflösen. Unter den Reis mischen und alles abkühlen lassen.

2 Für den Teig Backofen auf 200° (Umluft 180°) vorheizen. Eier trennen. Eigelbe mit 2 EL Zucker schaumig schlagen. Eiweiße mit restlichem Zucker und 1 Prise Salz steif schlagen. Mehl und Stärke mischen und zum Eigelb-Schaum sieben. Ein Drittel des Eischnees hinzufügen und alles glatt rühren. Restlichen Eischnee behutsam unterheben.

3 Backblech mit Papier belegen. Biskuitmasse ca. 1/2 cm dünn daraufstreichen und im heißen Ofen (Mitte) in ca. 10 Min. goldbraun backen. Dann aus dem Ofen nehmen und so auf ein mit Puderzucker bestäubtes Tuch stürzen, dass das Backpapier oben ist. Papier entfernen. Biskuit in 12 Stücke à 12 x 8 cm schneiden und mit restlichem Pflaumenwein beträufeln.

4 Für die Füllung die Sahne steif schlagen und unter den Reis heben. Mischung ca. 1/2 cm dick auf den Biskuitstücken verteilen, dabei an den schmalen Enden etwas Platz frei lassen. Früchte schälen, ggf. entkernen. Fruchtfleisch in knapp 1 cm dicke und 8 cm lange Balken schneiden. Fruchtstücke auf den Reis legen und Biskuit vorsichtig einrollen, am besten mit Hilfe einer kleinen Sushi-Bambusmatte. Röllchen 1 Std. kühl stellen.

5 Für die Glasur die Zartbitter-Schokolade schmelzen. Röllchen rundum dünn damit einpinseln und für weitere 15 Min. kühl stellen. Dann jedes Röllchen mit einem scharfen Messer in 3–4 Stücke schneiden und servieren.

Piña-colada-Cornets

ZUBEREITUNGSZEIT *1 Std. 30 Min.*
KÜHLZEIT *am besten über Nacht*
BACKZEIT *6 Min.*
ZUTATEN *für 20–25 Stück*

FÜR DAS ANANAS-RAGOUT
1 reife Ananas (ca. 500 g)
200 g Gelierzucker 1:2

FÜR DIE KOKOSCREME
4 Blatt Gelatine
1/4 l Kokosmilch (aus der Dose)
50 ml weißer Rum
2 sehr frische Eiweiße
Cocktailkirschen zum Garnieren (nach Belieben)

FÜR DEN TEIG
200 g Marzipanrohmasse | 1 Ei
2 EL Mehl | 100 ml Milch
50 g Zucker | 50 g Kokosraspel

AUSSERDEM
1 Bogen stabile Kunststofffolie (s. Seite 14)
1 Spritzbeutel mit kleiner Lochtülle
1 Backblech | Silikon-Backmatte

1 Für das Ragout die Ananas schälen und vierteln, dabei den Strunk entfernen. Fruchtfleisch klein würfeln, mit dem Gelierzucker aufkochen und ca. 5 Min. unter ständigem Rühren sprudelnd kochen lassen. Im Kühlschrank auskühlen lassen, am besten über Nacht.

2 Für die Kokoscreme Gelatine ca. 5 Min. in kaltem Wasser einweichen. Gut 50 ml Kokosmilch erhitzen, Gelatine ausdrücken und darin auflösen. Restliche Kokosmilch und Rum unterrühren und alles im Kühlschrank gelieren lassen, am besten über Nacht.

3 Dann für die Kokoscreme die Eiweiße steif schlagen. Gelierte Kokosmilch glatt rühren, Eischnee unterheben.

4 Für die Cornets den Backofen auf 180° (Umluft 160°) vorheizen. Aus der Folie eine Schablone fertigen: dazu einen Kreis (Ø ca. 10 cm) daraus ausschneiden (s. Seite 14). Für den Teig Marzipan, Ei, Mehl, Milch und Zucker im Mixer oder mit dem Pürierstab zu einer homogenen Masse pürieren.

5 Backblech mit der Silikon-Backmatte belegen. Teig mit Hilfe einer Winkelpalette und der Schablone sehr dünn auf das Blech streichen und mit den Kokosraspeln bestreuen. Teigkreise im heißen Ofen (Mitte) in 4–5 Min. goldbraun backen. Aus dem Ofen nehmen, vorsichtig mit einer Palette von der Matte lösen und sehr rasch und noch heiß zu Tüten rollen. Kühlen die gebackenen Teigkreise zu stark ab, werden sie fest und zerbrechen beim Formen. Um sie wieder weich zu machen, Teigkreise zurück in den heißen Ofen geben und erneut erwärmen.

6 Die Hälfte des Ananas-Ragouts in die Cornets verteilen. Kokoscreme in einen Spritzbeutel füllen und auf das Ragout spritzen. Restliche Ananasmischung darauf verteilen. Cornets nach Belieben mit je 1 Cocktailkirsche garnieren und sofort servieren.

Bratapfel-Muffins

ZUBEREITUNGSZEIT *40 Min.*
MARINIERZEIT *über Nacht*
BACKZEIT *25–30 Min.*
ZUTATEN *für 12 Stück*

3 EL Rum
30g Rosinen
12 Äpfel (z. B. Cox Orange oder Boskoop)
Saft von 1 Zitrone
40g grob gehackte Mandeln
1 Vanilleschote
75g Butter
1 großes Ei (Größe L)
75g Zucker
150ml Milch
Salz
1/2 TL Zimtpulver
150g Mehl
1 TL Backpulver
Puderzucker zum Bestäuben

AUSSERDEM
1 Kugelausstecher
1 Backblech
12 Papier-Backförmchen

1 Den Rum erhitzen. Die Rosinen damit übergießen und über Nacht darin marinieren.

2 Von den Äpfeln das obere Viertel abschneiden und entfernen. Äpfel mit einem Kugelausstecher bis auf einen ca. 5 mm breiten Rand aushöhlen. Dabei zunächst das Kerngehäuse entfernen, dann das Fruchtfleisch herausschaben. Ausgehöhlte Äpfel innen mit etwas Zitronensaft beträufeln, unten etwas gerade schneiden und nebeneinander auf das Backblech setzen. Herausgeschabtes Fruchtfleisch klein schneiden und mit etwas Zitronensaft beträufeln.

3 Backofen auf 200° vorheizen. Mandeln in einer Pfanne ohne Fett goldbraun rösten. Vanilleschote aufschlitzen, Mark auskratzen. Butter schmelzen. Das Ei mit Zucker, Milch, flüssiger Butter, 1 Prise Salz, Zimt und Vanillemark verrühren. Mehl mit Backpulver mischen, darübersieben und locker mit einem großen Löffel unterheben. Apfelwürfel, marinierte Rosinen und gehackte Mandeln unter den Muffinsteig heben.

4 Teig in die ausgehöhlten Äpfel füllen. Im heißen Ofen (Mitte, Umluft 180°) in 25–30 Min. goldbraun backen. Aus dem Ofen nehmen, in Papierförmchen umsetzen und mit Puderzucker bestäubt noch warm servieren.

Meringue-Törtchen mit Grüntee-Mousse

ZUBEREITUNGSZEIT *1 Std.*
BACKZEIT *1–1 Std. 30 Min.*
KÜHLZEIT *insgesamt 4 Std.*
ZUTATEN *für 4 Törtchen (Ø 8–10cm)*

FÜR DIE BÖDEN
3 Eiweiße
1 Spritzer Weißweinessig
100g Zucker | 100g Puderzucker
100g weiße Schokolade

FÜR DIE FÜLLUNG
3 Blatt Gelatine
3 Eigelbe
50g Zucker
50ml Pflaumenwein
Saft von 1/2 Zitrone
250g Sahne
50g Pistazien
2 EL Matcha-Grünteepulver
(aus dem Asienladen)
2 reife Mangos

AUSSERDEM
1 Spritzbeutel mit großer Lochtülle
1 Backblech | Backpapier

1 Backofen auf 120° (Umluft 100°) vorheizen. Backblech mit Papier belegen. Für die Böden Eiweiße mit dem Essig steif schlagen, dabei den Zucker einrieseln lassen. Masse weiterschlagen, bis sie dick-cremig und steif ist, dann den Puderzucker dazusieben und mit dem Schneebesen behutsam untermischen. Teig in einen Spritzbeutel mit großer Lochtülle füllen. 4 runde Böden (Ø 8–10cm) und einige Tupfen zum späteren Zerbröseln auf das Backblech spritzen und im heißen Ofen (Mitte) 1–1 Std. 30 Min. backen. Aus dem Ofen nehmen und abkühlen lassen. Dann Schokolade schmelzen. Böden jeweils auf einer Seite dünn mit der flüssigen Schokolade bestreichen. Die gebackenen Tupfen zerbröseln.

2 Inzwischen für die Füllung Gelatine ca. 5 Min. in kaltem Wasser einweichen. Eigelbe, Zucker, Pflaumenwein und Zitronensaft in einer Schüssel über einem heißen Wasserbad dick-schaumig schlagen. Gelatine ausdrücken, in die Creme geben und darin auflösen. Creme etwas abkühlen lassen.

3 Sahne steif schlagen. Pistazien mit Grünteepulver in einen Mixer geben und fein mahlen. Pistazien-Grüntee-Mischung unter die Eigelbcreme rühren. Sahne vorsichtig unterheben. Mousse kalt stellen. Inzwischen Mangos schälen, Fruchtfleisch rechts und links vom Kern schneiden, dann in dünne Scheiben schneiden.

4 Mousse in den Spritzbeutel füllen und auf die fest gewordenen Meringue-Böden spritzen. Mangoscheibchen rosettenförmig in die Creme stecken. Törtchen mit Bröseln bestreuen und am besten frisch servieren.

Fruchtige Blätterteig-Schnecken

ZUBEREITUNGSZEIT *30 Min.*
BACKZEIT *18–20 Min.*
ZUTATEN *für 12–14 Stück*

8–10 Pflaumen
1 Packung rechteckig ausgerollter Blätterteig (aus dem Kühlregal; ca. 275 g)
1 Päckchen Bourbon-Vanillezucker
1 Eigelb
50 g Butter
1/2 TL Zimtpulver
50 g Puderzucker

AUSSERDEM
1 Backblech
Backpapier

1 Die Pflaumen waschen und halbieren, die Kerne entfernen. Die Pflaumenhälften mit einem sehr scharfen Messer in 2–3 mm dünne Scheiben schneiden. Backofen auf 200° (Umluft 180°) vorheizen. Backblech mit Papier belegen.

2 Den fertig ausgerollten Blätterteig mit einem Teigrädchen oder scharfen Messer in 10–12 ca. 2 cm breite und 20 cm lange Streifen schneiden. Die Pflaumenscheiben der Länge nach nebeneinander leicht überlappend auf die Blätterteigstreifen legen und mit dem Vanillezucker bestreuen.

3 Das Eigelb leicht verquirlen. Die Enden der belegten Blätterteigstreifen mit dem verquirlten Eigelb einpinseln. Die Teigstreifen vorsichtig aufrollen, die Teigenden gut andrücken. Die fertigen Pflaumen-Blätterteig-Schnecken jeweils auf das Backblech setzen.

4 Die Butter bei kleiner bis mittlerer Hitze in einem Topf schmelzen. Das Zimtpulver und den Puderzucker dazugeben und unterrühren.

1. Die halbierten Pflaumen mit einem sehr scharfen Messer in dünne Scheibchen schneiden. 2. Die Scheibchen nebeneinander leicht überlappend auf die Blätterteigstreifen legen. 3. Die Teigstreifen vorsichtig zu Schnecken aufrollen. 4. Die Blätterteig-Schnecken auf dem Backblech mit der flüssigen Zimt-Butter einpinseln. 5. Die goldbraun gebackenen Schnecken sofort servieren oder etwas abkühlen lassen.

5 Die Blätterteig-Schnecken mit der süßen Zimt-Butter einpinseln und im heißen Ofen (Mitte) in 18–20 Min. goldbraun backen.

6 Die Blätterteig-Schnecken aus dem Ofen nehmen und noch heiß servieren oder auf einem Kuchengitter etwas abkühlen lassen. Die knusprigen Schnecken schmecken auch sehr gut mit jeweils 1 Kugel Vanilleeis serviert zum Dessert.

Tipp

Pflaumen aus heimischem Anbau haben im August und September Hochsaison. Dann schmecken sie am besten. Probieren Sie die Blätterteig-Schnecken außerhalb dieser Zeit auch mal mit Aprikosen, Pfirsichen oder Mango.

Strudelteigblüten mit Heidelbeeren

ZUBEREITUNGSZEIT *30 Min.*
BACKZEIT *10–12 Min.*
ZUTATEN *für 12 Stück*

75g Butter
4 Strudelteigblätter (aus dem Kühlregal)
1 Vanilleschote
2 Eier (Größe M)
100g Magerquark
2 EL Mehl
Salz
50g Zucker
150g frische Heidelbeeren
Puderzucker zum Bestäuben

AUSSERDEM
1 12er-Muffinsblech oder 12 Mini-Blumentöpfchen aus Ton (s. Tipp)
1 Spritzbeutel mit Lochtülle

1 Die Butter schmelzen. Strudelteigblätter in insgesamt 24 Quadrate (ca. 12 x 12 cm) schneiden und großzügig mit flüssiger Butter bestreichen. Je 2 Teigquadrate so übereinanderlegen, dass sie mit den Spitzen einen Stern bilden. Teigsterne vorsichtig in die Vertiefungen des Muffinsblechs drücken.

2 Backofen auf 200° (Umluft 180°) vorheizen. Vanilleschote aufschlitzen, Mark auskratzen. Eier trennen. Eigelbe mit Quark, Vanillemark und Mehl glatt rühren. Eiweiße mit 1 Prise Salz steif schlagen, dabei den Zucker einrieseln lassen. Eischnee behutsam unter die Quarkcreme heben. Masse in einen Spritzbeutel füllen.

3 Heidelbeeren waschen und trocken tupfen. Einige Beeren in die Strudelteigblüten verteilen. Quarkcreme daraufspritzen, restliche Heidelbeeren in die Creme drücken. Strudelteigblüten im heißen Ofen (Mitte) in 10–12 Min. goldbraun backen. Mit Puderzucker bestäuben und am besten frisch aus dem Ofen servieren.

Tipp:

Eine witzige Präsentations-Idee: Backen Sie die Blüten in kleinen Blumentöpfchen aus Ton. Die bekommen Sie in gut sortierten Bastelgeschäften und Blumenhandlungen. Vor dem Backen Töpfchen großzügig buttern und mit Mehl bestäuben. Teig eventuell in größere Quadrate schneiden – je nach Größe der Tontöpfchen.

knusprig

Lust auf kleine Knabbereien? Genießen Sie Mini-Knusperstückchen vom Feinsten: Baiserherzchen und Knopfkekse, Nuss-Grissini und Gewürz-Arlettes. Die sind witzig, lecker und einfach originell.

Knusprige Waffel-Spiralen

ZUBEREITUNGSZEIT *1 Std. 30 Min.*
KÜHLZEIT *über Nacht*
BACKZEIT *jeweils 3–4 Min.*
ZUTATEN *für ca. 40 Stück*

50g Butter
150g brauner Zucker
2 Eiweiße
50g Mehl

AUSSERDEM
1 Bogen stabile Kunststofffolie (s. Seite 14)
1 Backblech
Silikon-Backmatte

1 Die Butter mit dem Zucker in einem Topf schmelzen. Mischung etwas abkühlen lassen. Dann die Eiweiße und das Mehl dazugeben und alles rasch zu einem glatten Teig verrühren. Teig mit Folie bedecken und über Nacht im Kühlschrank ruhen lassen.

2 Aus der Folie eine Schablone fertigen: dazu einen Streifen von ca. 2 cm Breite und 25–30 cm Länge daraus ausschneiden (s. Seite 14).

3 Backofen auf 180° (Umluft 160°) vorheizen. Waffelteig gleichmäßig dünn mit einer Winkelpalette und der Schablone auf die Silikon-Backmatte auftragen. Matte auf das Backblech legen. Waffeln portionsweise im heißen Ofen (Mitte) in ca. 3–4 Min. goldbraun backen. Aus dem Ofen nehmen und sofort locker zu einer Spirale aufrollen (s. Tipp). Die Waffel-Spiralen sofort oder später servieren, z. B. als Deko für Eis oder ein Dessert. Sie bleiben in einer gut schließenden Blechdose einige Wochen knusprig.

Tipp

Die gebackenen Teigstreifen lassen sich nur in heißem Zustand formen. Dazu brauchen Sie Fingerspitzengefühl. Denn sobald die Streifen kalt werden, zerbrechen sie beim Aufrollen. Am besten jeweils nur wenige Streifen backen, aus dem Ofen nehmen und sofort aufrollen. Abgekühlte Teigstreifen zurück in den heißen Ofen geben und dort erneut erwärmen.

Süße Nuss-Grissini

ZUBEREITUNGSZEIT *1 Std.*
RUHEZEIT *1 Std.*
BACKZEIT *8–10 Min.*
ABKÜHLZEIT *1 Std.*
ZUTATEN *für ca. 60 Stück*

1 Vanilleschote
ca. 100 ml Milch
knapp 1/2 Würfel frische Hefe (ca. 15 g)
1/2 TL Zimtpulver
Salz
2 EL Zucker
250 g Mehl
100 g Zartbitter-Schokolade
200 g Nuss-Nougat
je 50 g gehackte Haselnüsse, Mandelblättchen, Kokosraspel und gehackte Pistazien zum Bestreuen

AUSSERDEM
1 Backblech
Backpapier

1 Die Vanilleschote aufschlitzen, Mark auskratzen. 100 ml Milch lauwarm erwärmen. Hefe darin unter Rühren auflösen. Zimt, Vanillemark, 1 Prise Salz, Zucker und das Mehl hinzufügen. Alles zu einem glatten, geschmeidigen Teig verkneten. Falls nötig, noch etwas Milch unterkneten. Hefeteig mit einem Tuch bedecken und an einem warmen Ort ca. 1 Std. aufgehen lassen, bis er sein Volumen verdoppelt hat.

2 Backofen auf 250° (Umluft 220°) vorheizen. Backblech mit Papier belegen. Teig in ca. 60 kleine Stücke teilen. Stückchen zwischen den Handflächen zu ca. 15 cm langen Stangen ausrollen und nebeneinander auf das Backblech legen. Im heißen Ofen (Mitte) in 8–10 Min. knusprig backen. Grissini aus dem Ofen nehmen und in ca. 1 Std. völlig auskühlen lassen.

3 Schokolade und Nuss-Nougat zerkleinern und in einer Schüssel über einem heißen Wasserbad schmelzen. Gehackte Haselnüsse und Mandelblättchen in einer Pfanne ohne Fett rösten. Grissini zu zwei Dritteln dünn mit der flüssigen Schoko-Nougat-Mischung einpinseln, dann nach Belieben mit Kokosraspeln, gerösteten Haselnüssen, Mandelblättchen oder gehackten Pistazien bestreuen.

Knusprige Gewürz-Arlettes

ZUBEREITUNGSZEIT *30 Min.*
GEFRIERZEIT *1 Std.*
BACKZEIT *3 x 8–9 Min.*
ZUTATEN *für ca. 100 Stück*

50 g Butter
1 Packung rechteckig ausgerollter Blätterteig (aus dem Kühlregal; ca. 275 g, ca. 26 x 43 cm)
1 Vanilleschote
100 g Zucker
1/2 TL Zimtpulver
1/2 TL frisch gemahlener schwarzer Pfeffer
Mehl für die Arbeitsfläche

AUSSERDEM
2 Backbleche (ersatzweise Backblech und Fettpfanne oder Backblech und schwerer Gitterrost)
Backpapier
Aufschnitt- oder Brotschneidemaschine oder sehr scharfes dünnes Messer

1 Die Butter schmelzen. Blätterteig – falls nötig – auf einer mit Mehl bestäubten Arbeitsfläche ca. 5 mm dünn ausrollen. Rechteckigen Teig mit flüssiger Butter gleichmäßig dünn bestreichen. Blätterteig von der schmalen Seite her zu einer Roulade aufrollen. Roulade in Folie wickeln und ca. 1 Std. in das Tiefkühlfach oder die Tiefkühltruhe legen.

2 Backofen auf 200° (Umluft 180°) vorheizen. Backbleche mit Papier belegen. Vanilleschote aufschlitzen, Mark auskratzen. Zucker mit Vanillemark, Zimt und schwarzem Pfeffer mischen und in eine flache Schale geben.

3 Blätterteig-Roulade aus dem Tiefkühlfach nehmen und auf einer Aufschnittmaschine oder mit einem sehr scharfen dünnen Messer in 2–3 mm dünne Scheiben schneiden.

4 Ein Drittel der Teigscheiben im Gewürz-Zucker wenden und nebeneinander mit etwas Abstand auf ein Backblech legen. Einen zweiten Bogen Backpapier auf die gewürzten Scheiben legen, Blätterteigscheiben mit einem Nudelholz noch flacher drücken. Ein zweites Backblech auf die Scheiben und das Backpapier legen. Arlettes so im heißen Ofen (Mitte) in jeweils 8–9 Min. goldbraun und knusprig backen. Falls die Teigscheiben nach dieser Zeit noch nicht knusprig sind, Arlettes noch 1/2–1 Min. offen nachbacken. Aus dem Ofen nehmen und auf dem Blech abkühlen lassen. Mit den übrigen Teigscheiben ebenso verfahren. Dann servieren.

Knopfkekse

ZUBEREITUNGSZEIT *1 Std.*
KÜHLZEIT *1 Std.*
BACKZEIT *2 x 12 Min.*
ZUTATEN *für ca. 80 Stück (Ø ca. 3 und 4 cm)*

1 Bio-Zitrone
150 g weiche Butter
75 g Puderzucker
1 Eigelb
Salz
225 g Mehl
(+ Mehl für die Arbeitsfläche)

AUSSERDEM
2 Backbleche
Backpapier
Ausstecher
1 Spritzbeutel mit kleiner Lochtülle

1 Die Zitrone heiß waschen, die Schale abreiben und mit der Butter, dem Puderzucker, dem Eigelb, 1 Prise Salz und dem Mehl rasch zu einem glatten Teig verkneten. Teig in Folie wickeln und 1 Std. kühl stellen.

2 Backbleche mit Papier belegen. Teig auf einer mit Mehl bestäubten Arbeitsfläche ca. 3 mm dünn ausrollen. Kleine Kreise in verschiedenen Größen daraus ausstechen (z. B. mit kleinen Ausstechern oder dem Rand eines Eierbechers oder Schnapsglases). Teigkreise auf das Backblech legen.

3 Backofen auf 200° (Umluft 180°) vorheizen. Um das typische Aussehen von Knöpfen zu erzeugen, jeweils mit der abgerundeten Seite eines kleineren runden Ausstechers oder dem Rand eines kleineren Glases einen Ring in die Teigkreise drücken und mit Hilfe einer kleinen runden Spritztülle in der Mitte der Teigkreise 2, 3 oder 4 kleine Löcher ausstechen.

4 Knopfkekse im heißen Ofen (Mitte) ca. 12 Min. backen. Aus dem Ofen nehmen und auf einem Kuchengitter auskühlen lassen. Knopfkekse sofort oder später servieren. Sie bleiben in einer gut schließenden Blechdose einige Wochen knusprig.

Variante

Dunkle Knöpfe gewünscht? Dafür die Mehlmenge des Teiges auf 200 g reduzieren, zusätzlich 3 EL dunkles Kakaopulver unterkneten.

Spekulatius-Schnecken

ZUBEREITUNGSZEIT *1 Std. 15 Min.*
BACKZEIT *12–14 Min.*
ZUTATEN *für ca. 24 Stück*

150 g weiche Butter
250 g Puderzucker
1 Eigelb
1 EL Spekulatius-Gewürz
(ersatzweise Lebkuchen-Gewürz)
Salz
100 g Sahne
350 g Mehl
70 g Zartbitter-Schokolade zum Garnieren
200 g Johannisbeerkonfitüre

AUSSERDEM
Spritzbeutel mit Lochtülle
1 Backblech
Backpapier
1 Papierspritztüte (s. Seite 11)

1 Die Butter mit dem Puderzucker schaumig schlagen. Das Eigelb, das Spekulatius-Gewürz und 1 Prise Salz hinzufügen und unterrühren.

2 Die Sahne handwarm erhitzen und nach und nach in die Buttermasse einrühren. Dann das Mehl unterrühren.

3 Den Backofen auf 200° (Umluft 180°) vorheizen. Backblech mit Papier belegen. Die Teigmasse in den Spritzbeutel füllen und damit 46–50 kleine, runde Schnecken auf das Blech spritzen (s. Tipp). Die Schnecken im heißen Ofen (Mitte) in 12–14 Min. goldbraun backen. Dann aus dem Ofen nehmen und abkühlen lassen.

4 Zum Garnieren der Spekulatius-Schnecken die Zartbitter-Schokolade schmelzen. Spritztüte zur Hälfte mit der flüssigen Schokolade füllen. Tüte schließen. Die Hälfte der Schnecken mit der flüssigen dunklen Schokolade nach Belieben verzieren. Schokolade fest werden lassen.

5 Zum Füllen die nicht garnierten Schnecken umdrehen und je 1 Klecks Johannisbeerkonfitüre auf die Unterseite der Plätzchen setzen. Die verzierten Plätzchen daraufsetzen.

1. Den Teig mit einem Spritzbeutel in Schneckenform auf das Backblech spritzen. 2. Die Hälfte der Schnecken nach Belieben mit der flüssigen dunklen Schokolade verzieren, z. B. mit einem Schneckenmuster. 3. Verzierte Spekulatius-schnecken auf die Johannisbeerkonfitüre setzen. 4. Die aromatisch-süßen Knusperstückchen schmecken besonders gut zur Weihnachtszeit.

6 Die fertigen Spekulatius-Schnecken sofort oder später servieren. Sie bleiben in einer gut schließenden Blechdose einige Wochen knusprig und lecker. Die Knusper-Schnecken schmecken rund ums Jahr zum Nachmittagskaffee oder -tee. Besonders gut passen sie natürlich mit ihrem Spekulatius- oder Lebkuchenaroma in die Advents- und Weihnachtszeit.

Tipp:

Da der Teig etwas fester ist, brauchen Sie ein wenig Kraft, um ihn in Schneckenform aufs Blech zu spritzen. Am besten funktioniert's, wenn Sie den Spritzbeutel jeweils nur zu einem Drittel mit der Teigmasse füllen. Sie können den Teig auch einfach in Strichform aufs Blech geben. Die fertigen Plätzchen schmecken natürlich genauso gut.

Baiser-Herzchen

ZUBEREITUNGSZEIT *ca. 30 Min.*
BACKZEIT *2 x 1 Std.*
ZUTATEN *für ca. 30 Stück*

FÜR DIE BAISERS
3 Eiweiße
100 g Zucker
rote Lebensmittelfarbe
100 g Puderzucker

FÜR DIE CREME
200 g weiße Schokolade
100 g Sahne
50 g Sauerkirsch-Getränkepulver (Fertigprodukt; ersatzweise Himbeer-Getränkepulver)

AUSSERDEM
Spritzbeutel mit mittlerer und kleiner Lochtülle
2 Backbleche
Backpapier

1 Backofen auf 120° (Umluft 100°) vorheizen. Für die Baisers Eiweiße steif schlagen, dabei den Zucker einrieseln lassen. Einige Tropfen rote Lebensmittelfarbe dazugeben. Rosa Eiweißmasse weiterschlagen, bis sie dick-cremig und sehr steif ist. Dann den Puderzucker sieben und behutsam untermischen.

2 Backbleche mit Papier belegen. Masse in den Spritzbeutel mit mittlerer Lochtülle füllen und kleine tropfenförmige Tupfen auf die Bleche spritzen. Baisertropfen im heißen Ofen (Mitte) jeweils ca. 1 Std. backen bzw. trocknen, bei Umluft Bleche zusammen in den Ofen schieben. Aus dem Ofen nehmen und gebackene Tropfen jeweils auf den Blechen abkühlen lassen.

3 Inzwischen Schokolade in Stücke hacken. Sahne mit dem Kirschpulver aufkochen, dann vom Herd ziehen. Schokolade nach und nach unter die Sahne rühren und darin schmelzen, dann abkühlen lassen.

4 Abgekühlte Creme mit einem Handrührgerät cremig rühren und in den Spritzbeutel mit kleiner Lochtülle füllen. Jeweils etwas Creme auf die Unterseite der Hälfte der Baisertropfen spritzen. Die restlichen Baisers so daraufsetzen, dass die Tropfen zusammengefügt kleine Herzchen ergeben. Baisers sofort oder später servieren.

Tipp

Süßes, das von Herzen kommt: Gebäck in einer luftdicht verschließbaren Dose aufbewahren. So haben Sie jederzeit eine kleine Überraschung für Ihre Liebsten.

Streusel-Strudel-Röllchen

ZUBEREITUNGSZEIT *40 Min.*
BACKZEIT *25–30 Min.*
ZUTATEN *für 12 Stück*

6 reife Aprikosen
1 Bio-Zitrone
250g Magerquark
2 Päckchen Bourbon-Vanillezucker
1 Eigelb
2 EL Semmelbrösel
125g kalte Butter
4 Strudelteigblätter
(aus dem Kühlregal)
150g Mehl
75g Zucker
Puderzucker zum Bestäuben

AUSSERDEM
1 Backblech
Backpapier

1 Die Aprikosen waschen, halbieren, Kerne entfernen. Aprikosenhälften in kleine Würfel schneiden. Die Zitrone heiß waschen, Schale abreiben.

2 Den Quark mit Vanillezucker, Zitronenschale, Eigelb und Semmelbrösel vermischen.

3 50g Butter schmelzen. 1 Strudelblatt mit etwas flüssiger Butter einstreichen. Ein zweites Blatt darauflegen. Teigfläche in 6 gleich große Rechtecke (ca. 15 x 8 cm) teilen. Auf jedes Teigstück knapp unterhalb der Mitte jeweils etwas Quarkcreme aufstreichen. Aprikosenwürfel in den Quark drücken. Dann die Teigstücke längs zu 6 Röllchen aufrollen. Die Enden links und rechts fest zusammendrücken. Auf die gleiche Weise die beiden übrigen Strudelteigblätter mit der restlichen Quarkcreme und den übrigen Aprikosenwürfeln zu 6 weiteren Röllchen verarbeiten.

4 Backofen auf 200° (Umluft 180°) vorheizen. Backblech mit Papier belegen. Das Mehl mit dem Zucker und 75g kalter Butter zu Streusel verkneten.

5 Röllchen mit restlicher flüssiger Butter bestreichen und in den Streuseln wälzen. Auf das Blech legen und im heißen Ofen (Mitte) in 25–30 Min. goldbraun backen. Mit Puderzucker bestäuben und am besten frisch und noch warm genießen.

Variante

Die Streusel-Strudel-Röllchen schmecken auch mit anderem Obst, z. B. Zwetschgen, Heidelbeeren, Mango oder Pfirsich.

Mandelblätter

ZUTATEN *für ca. 40 Stück*
ZUBEREITUNGSZEIT *50 Min.*
GEFRIERZEIT *4–5 Std.*
BACKZEIT *2 x 6–8 Min.*

150 g ganze geschälte Mandeln
3 Blatt Gelatine
30 g Butter
50 g Puderzucker
50 g Mehl
1 EL dunkles Kakaopulver
1 Eiweiß

AUSSERDEM
Alufolie
2 Backbleche
Backpapier
Aufschnitt- oder Brotschneidemaschine

1 Mandeln mit Wasser bedecken, alles aufkochen und Mandeln in ca. 15 Min. bei mittlerer Hitze weich kochen, dann aus dem Wasser nehmen.

2 Gelatine ca. 5 Min. in kaltem Wasser einweichen. Butter schmelzen und in eine Schüssel geben, Gelatine darin auflösen. Puderzucker, Mehl und Kakaopulver dazusieben, das Eiweiß dazugeben. Alles rasch zu einer glatten Masse verrühren. Die noch warmen Mandeln untermischen.

3 Masse auf ein Stück Alufolie geben, straff zu einer dicken Rolle (Ø ca. 6 cm) einwickeln und 4–5 Std. im Gefrierfach tiefkühlen.

4 Backofen auf 180° (Umluft 160°) vorheizen. Backbleche mit Papier belegen. Folie von der Teigrolle entfernen. Die gefrorene Rolle auf einer Aufschnitt- oder Brotschneidemaschine in ca. 1 mm dünne Scheiben schneiden, auf die Backbleche legen und im heißen Ofen (Mitte) jeweils 6–8 Min. backen, bei Umluft Bleche zusammen in den Ofen schieben. Mandelblättchen sofort servieren oder in einer dicht schließenden Dose aufbewahren.

Kekslöffel

ZUBEREITUNGSZEIT *30 Min.*
BACKZEIT *10 Min.*
KÜHLZEIT *1 Std.*
ZUTATEN *für ca. 40 Stück*

1/2 Bio-Zitrone
200 g weiche Butter
150 g Puderzucker
1 Ei
1 Msp. Zimtpulver
Salz
350 g Mehl
(+ Mehl für die Arbeitsfläche)
50 g Zucker zum Bestreuen

AUSSERDEM
Ausstecher in Löffelform oder 1 Bogen stabile Kunststofffolie (s. Seite 14) oder Fotokarton
1 Backblech
Backpapier

1 Die Zitronenhälfte heiß waschen, Schale abreiben. Die Butter mit dem Puderzucker schaumig schlagen. Das Ei, die Zitronenschale, Zimt und 1 Prise Salz unterrühren. Das Mehl untermischen. Den Teig in Folie wickeln und für 1 Std. kalt stellen.

2 Falls Sie keinen passenden Ausstecher besitzen, aus der Folie oder dem Karton eine Schablone fertigen: dazu einen Kaffeelöffel darauf aufzeichnen, dann entsprechend ausschneiden.

3 Backofen auf 180° (Umluft 160°) vorheizen. Backblech mit Papier belegen. Teig auf einer mit Mehl bestäubten Arbeitsfläche ca. 5 mm dünn ausrollen. Dann mit einem speziellen Ausstecher Löffel aus dem Teig stechen oder mit Hilfe der selbst gemachten Schablone Löffel ausschneiden.

4 Teig-Löffel nebeneinander auf das Backblech legen, mit etwas Zucker bestreuen und im heißen Ofen (Mitte) in ca. 10 Min. goldbraun backen. Aus dem Ofen nehmen und Keks-Löffel auf einem Kuchengitter auskühlen lassen.

Schoko-Zimt-Zigaretten

ZUBEREITUNGSZEIT *40 Min.*
BACKZEIT *3 x 6–8 Min.*
ZUTATEN *für ca. 30 Stück*

100 g weiche Butter
1 TL Zimtpulver
50 g Puderzucker
3 Eiweiße
Salz
50 g Zucker
100 g Mehl
200 g weiße Schokolade

AUSSERDEM
1 Backblech
Backpapier oder Silikon-Backmatte
1 Bogen stabile Kunststofffolie
(s. Seite 14)

1 Backofen auf 180° (Umluft 160°) vorheizen. Backblech mit Papier oder noch besser mit einer Silikon-Backmatte belegen. Aus der Folie eine Schablone fertigen: dazu ein Rechteck (ca. 6 x 8 cm) daraus ausschneiden (s. Seite 14).

2 Die Butter mit Zimt und Puderzucker schaumig schlagen. Eiweiße mit 1 Prise Salz steif schlagen, dabei den Zucker einrieseln lassen. Eischnee abwechselnd mit dem Mehl unter die Buttermasse rühren.

3 Teig mit Hilfe der Schablone gleichmäßig sehr dünn auf das Backblech streichen. Rechtecke jeweils im heißen Ofen (Mitte) in 6–8 Min. gleichmäßig goldbraun backen. Die gebackenen Rechtecke dann rasch in noch heißem Zustand zu Zigaretten aufrollen (s. Tipp).

4 Schokolade in Stücke hacken und in einer Schüssel über einem heißen Wasserbad schmelzen. Zimtröllchen zu zwei Dritteln in die flüssige Schokolade tauchen, dann etwas abtropfen lassen. Schokolade fest werden lassen. Zigaretten sofort oder später genießen. Sie lassen sich gut in einer luftdicht verschließbaren Dose aufbewahren.

Tipp

Das Aufrollen der gebackenen Rechtecke muss sehr schnell gehen. Denn wenn sie auskühlen, werden sie zu hart. Sie können die Teigstücke auch nach ca. 4 Min. Backzeit aus dem Ofen nehmen, aufrollen und dann weitere 2–4 Min. weiterbacken.

Feines aus der Pâtisserie

Oh là là, wer hat da in Pariser Pâtisserien spioniert? Und traumhafte Rezepte für kleine, feine Naschereien mitgebracht? Greifen Sie zu bei Macarons, Tartelettes und Tuiles aux amandes! Bon appetit!

1. Mit besten Zutaten und Fingerspitzengefühl stellt Axel Müller die klassische **Crème Pâtissière** her. Sein Trick, damit sie weder anbrennt noch gerinnt: zunächst etwas warme Milch unter die Eigelbmasse rühren. Mischung ohne Klümpchen glatt rühren.

2. Restliche Milch aufkochen. Nun die Eigelb-Milch-Mischung in den Milchtopf gießen und alles unter ständigem Rühren zum Kochen bringen. Hitze reduzieren und Mischung 3 Min. kochen lassen, dabei stetig umrühren. Wichtig: Crème Pâtissière immer frisch zubereiten, z. B. während der Teig ruht.

Artisan Pâtissier

Axel Müller

In französischen Pâtisserien hat Axel Müller sein Handwerk gelernt, seit 2005 führt er im Münchner Stadtteil Westend die „Pâtisserie Amandine". Auf den folgenden Seiten lüftet er für Sie Geheimnisse der französischen Backkunst. Dabei garniert er seine Rezepte mit vielen Profitipps, damit fein gefüllte Tartes und knusprige Macarons auch in unseren Küchen perfekt gelingen. Glänzende Idee für fruchtige Tartelettes: Axel Müller überzieht sie mit heißer, passierter Aprikosenkonfitüre. So sehen sie besonders appetitlich aus und werden zusätzlich vorm Austrocknen geschützt.

1.

2.

3. Profitipp für perfekte **Eclairs**: Brandteig zunächst in länglichen Streifen auf das Blech spritzen, dann mit einem nassen Pinsel flach klopfen.

4. **Macarons** nicht zu eng nebeneinander aufs Backblech setzen, da die Teigmasse leicht verläuft. Am besten geben Sie den Teig mit einem Teelöffel versetzt auf das mit Backpapier belegte Blech.

5. Macarons lassen sich nach Belieben füllen – ganz einfach mit Fruchtkonfitüre oder auch mit Vanille- oder Schokoladencreme. Füllung jeweils auf die Unterseite streichen, zweites Macaron daraufsetzen.

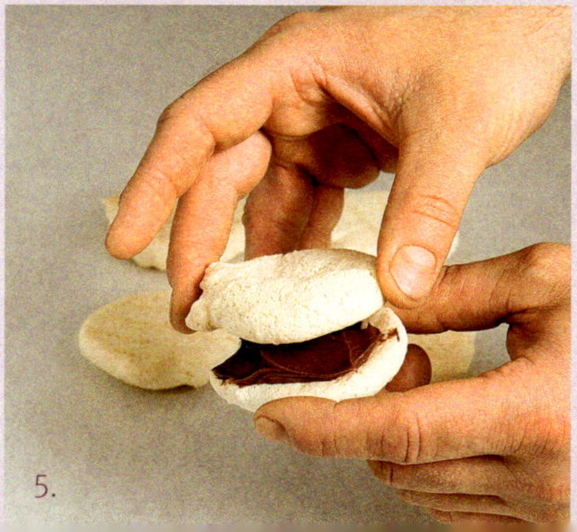

6. Frisch gekochte Schokoladencreme lässt Pâtissier Axel Müller etwas abkühlen und dickflüssiger werden. Erst dann füllt er sie in die Tartelettes. Ist die Creme zu kühl und damit zu fest geworden? Erwärmen Sie sie erneut über einem heißen Wasserbad. So wird sie wieder cremiger.

Tartelettes aux fruits au sirop

ZUBEREITUNGSZEIT *1 Std. 30 Min.*
KÜHLZEIT *insgesamt 2 Std. 15 Min.*
BACKZEIT *20–25 Min. bzw. 35 Min.*
ZUTATEN *für 10 Tartelettëförmchen (Ø 10 cm) oder 1 flache Quiche- und Obstkuchenform (Ø 28 cm) mit herausnehmbarem Boden (oder s. Tipp)*

FÜR DEN MÜRBETEIG
280 g Mehl | 1 großes Ei (Größe L)
Salz | 95 g kalte Butter
(+ Butter für Förmchen oder Form)
110 g Puderzucker

FÜR DIE CRÈME PÂTISSIÈRE
100 g Zucker | 35 g Stärkemehl
5 sehr frische Eigelbe | 400 ml Milch

FÜR DEN BELAG
ca. 700 g eingekochte Früchte (aus dem Glas oder aus der Dose; z. B. Birnen, Aprikosen, Pfirsiche oder Ananas)
250 g Aprikosenkonfitüre

AUSSERDEM
Ausstecher

1 Für den Teig das Mehl auf die Arbeitsfläche häufeln, eine Mulde hineindrücken. Ei und 1 Prise Salz hineingeben. Butter in kleinen Stücken mit dem Puderzucker auf dem Mehlrand verteilen. Alles mit einem großen Messer durchhacken. Die entstehenden Brösel mit den Fingerspitzen rasch zu einem glatten Teig verkneten. Teig zur Kugel formen, in Folie wickeln und 2 Std. kühl stellen.

2 Für die Crème Pâtissière Zucker und Stärkemehl mischen. Eigelbe verrühren. Zucker-Stärke-Mischung unterrühren. Milch in einem größeren Topf erwärmen. Die Hälfte zur Eigelbmischung gießen und unterrühren. Restliche Milch zum Kochen bringen. Die Eigelbmischung in den Milchtopf gießen und alles unter ständigem Rühren zum Kochen bringen (s. Seite 106). Dann die Hitze reduzieren und alles 3 Min. unter Rühren kochen lassen. Vorsicht, die Crème brennt leicht an! Crème auf einen großen Teller gießen, mit Frischhaltefolie abdecken und bis zur weiteren Verwendung im Kühlschrank durchkühlen lassen – mind. 90 Min.

3 Für den Belag die Früchte in einem Sieb abtropfen lassen. Birnen, Aprikosen und Pfirsiche nach Belieben in feine Lamellen schneiden, Ananasringe achteln.

4 Förmchen buttern und kühl stellen. Für kleine Tartelettes Mürbeteig 3 mm dünn ausrollen, Kreise ausstechen (z. B. mit einem Ausstecher oder dem Rand einer Müslischale, der etwas größer als die Förmchen ist). Teigkreise in die Förmchen drücken, dabei einen Rand hochziehen. Für eine große Tarte Teig in Größe der Form ausrollen, in die Form legen und einen Rand hochziehen. Teig in den Formen ca. 15 Min. kühl stellen. Inzwischen den Backofen auf 200° (Umluft 180°) vorheizen.

1. Förmchen großzügig buttern: Dafür am besten 1–2 EL Butter schmelzen, die Förmchen damit sorgfältig auspinseln. 2. Die ausgestochenen Teigkreise jeweils in die Förmchen drücken, dabei einen kleinen Rand hochziehen. 3. Crème Pâtissière jeweils bis knapp unter den Rand der Tartelettes einfüllen. 4. Obst nach Belieben mit einem spitzen Messer in feine Lamellen schneiden und auf die Crème legen.

5 Crème Pâtissière aus dem Kühlschrank nehmen und nochmals glattrühren. Teigböden mit einer Gabel einstechen. Kleine Törtchen gleichmäßig mit der Crème füllen und mit den Früchten garnieren. Im heißen Ofen (Mitte) 20–25 Min. backen, bis sich der Teigrand deutlich braun färbt. Tartelettes in den Förmchen auskühlen lassen, erst danach herausnehmen. Eine große Tarte mit Crème Pâtissière füllen und von außen nach innen mit Früchten garnieren. Tarte im heißen Ofen (Mitte) 35 Min. backen, noch warm mit dem Boden aus der Form heben und auf dem Bodenblech auskühlen lassen.

6 Aprikosenkonfitüre durch ein Sieb passieren und mit 200 ml Wasser unter Rühren aufkochen. Die Flüssigkeit in 5–10 Min. dickflüssig einkochen lassen. Tartelettes bzw. Tarte mit der heißen Flüssigkeit bestreichen und servieren.

Tipp

Die große Tarte können Sie auch sehr gut in einer normalen Tarte- oder Quicheform (Ø 28 cm) ohne flexiblen Boden zubereiten. In diesem Fall die Tarte wie links beschrieben backen, dann in der Form auskühlen lassen und servieren. Schmeckt ebenfalls traumhaft!

Tartelettes au chocolat

ZUBEREITUNGSZEIT *1 Std. 10 Min.*
KÜHLZEIT *insgesamt 2 Std. 30 Min.*
BACKZEIT *15 Min.*
ZUTATEN *für 8 Tartelettförmchen (Ø 10 cm)*

FÜR DEN MÜRBETEIG
280 g Mehl
1 großes Ei (Größe L)
Salz
95 g kalte Butter
(+ Butter für Förmchen oder Form)
110 g Puderzucker

FÜR DIE SCHOKOLADENCREME
250 g dunkle Schokoladenkuvertüre
100 g Butter
125 g Sahne
25 ml Milch

AUSSERDEM
Ausstecher
getrocknete Hülsenfrüchte zum Blindbacken

1 Für den Teig das Mehl auf die Arbeitsfläche häufeln, eine Mulde hineindrücken. Ei und 1 Prise Salz hineingeben. Butter in kleinen Stücken mit dem Puderzucker auf dem Mehlrand verteilen. Alles mit einem großen Messer durchhacken. Die entstehenden Brösel mit den Fingerspitzen rasch zu einem glatten Teig verkneten. Teig zur Kugel formen, in Folie wickeln und 2 Std. kühl stellen.

2 Förmchen buttern (s. Seite 111) und kühl stellen. Mürbeteig 4 mm dünn ausrollen, daraus Kreise ausstechen (z. B. mit einem Ausstecher oder dem Rand einer Müslischale, die etwas größer als die Förmchen ist). Teigkreise in die Förmchen drücken, dabei einen Rand hochziehen. Teig in den Förmchen ca. 15 Min. kühl stellen. Inzwischen Backofen auf 200° (Umluft 180°) vorheizen.

3 Teig mit einer Gabel einstechen. Backpapier zuschneiden, auf die Böden legen und mit Hülsenfrüchten beschweren. Böden im heißen Ofen (Mitte) ca. 15 Min. blindbacken, bis der Teigrand sich braun färbt. Tartelettes in den Förmchen auskühlen lassen. Backpapier und Hülsenfrüchte entfernen. Törtchen aus den Formen nehmen.

4 Für die Schokoladencreme die Kuvertüre in Stückchen schneiden und in einer Schüssel über einem heißen Wasserbad schmelzen. Butter schmelzen. Sahne und Milch zum Kochen bringen, dann sofort vom Herd ziehen. Kuvertüre einrühren. Flüssige Butter langsam unterrühren. Alles mit Folie abdecken und abkühlen lassen, bis die Creme dickflüssig und glatt geworden ist. Törtchen gleichmäßig mit der Creme füllen (s. Seite 107) und bis zum Servieren mind. 15 Min. kühl stellen.

Macarons

ZUBEREITUNGSZEIT *1 Std. 10 Min.*

BACKZEIT *3 x 10–12 Min.*

KÜHLZEIT *15 Min.*

ZUTATEN *für ca. 30 Stück*

FÜR DIE MACARONS

200 g gemahlene Mandeln

500 g Zucker

5 Eiweiße

FÜR DIE FÜLLUNG

150 g sehr weiche Butter

150 g Zucker

1 Päckchen flüssiges Bourbon-Vanillearoma (5 g)

AUSSERDEM

3 Backbleche

Backpapier

1 Den Backofen auf 180° (Umluft nicht empfehlenswert) vorheizen. Für die Macarons die gemahlenen Mandeln mit 260 g Zucker vermengen. 4 Eiweiße steif schlagen, dabei den restlichen Zucker einrieseln lassen. Den Eischnee zur Mandel-Zucker-Mischung geben und unterrühren. Das übrige Eiweiß mit einem Schneebesen schaumig schlagen und in die Mandel-Eischnee-Mischung einrühren.

2 Die Backbleche mit Backpapier belegen. Die Macaronmasse jeweils mit einem Teelöffel versetzt daraufgeben, dabei ausreichend Platz zwischen den Macarons lassen, da die Masse verläuft (s. Seite 107).

3 Macarons im heißen Ofen (Mitte) pro Blech 10–12 Min. backen, bis sich die Oberfläche zur Mitte hin bräunt. Macarons aus dem Ofen nehmen und zum Auskühlen mit dem Backpapier vom Blech auf einen Rost ziehen.

4 Für die Füllung die Butter mit dem Zucker mit einem Handrührgerät so lange schlagen, bis die Masse weiß wird. Dann das Vanillearoma unterrühren.

5 Jeweils 1 Macaron auf der Unterseite mit der Füllung bestreichen, ein zweites Macaron daraufsetzen (s. Seite 107). Macarons sofort oder später servieren.

Varianten

Keine Lust auf Vanille? Die Macarons lassen sich ganz einfach mit Fruchtkonfitüre oder -gelee füllen. Besonders gut eignet sich auch die Schokoladencreme von Seite 112.

Blätterteig-Törtchen mit Mandelcreme

ZUBEREITUNGSZEIT *1 Std.*
KÜHLZEIT *insgesamt 1 Std.*
BACKZEIT *20 Min.*
ZUTATEN *für 6 Tarteletteförmchen (Ø ca. 10 cm)*

50 g weiche Butter (+ Butter für die Förmchen)
100 g gemahlene Mandeln
120 g Zucker
20 g Mehl
1 Ei (Größe M)
1 Packung rechteckig ausgerollter Blätterteig (aus dem Kühlregal; ca. 275 g)

FÜR DIE GLASUR
1 Eiweiß
125 g Puderzucker

AUSSERDEM
Ausstecher
1 Küchenpinsel

1 Für die Mandelcreme die Butter in kleine Stückchen schneiden und mit den gemahlenen Mandeln und dem Zucker vermengen. Das Mehl zugeben und Masse mit einem Handrührgerät verrühren. Das Ei zugeben und alles mit dem Handrührgerät auf mittlerer Stufe in ca. 3–5 Min. zu einer hellen, luftigen Creme verrühren.

2 Die Förmchen großzügig buttern (s. Seite 111) und kühl stellen. Den Teig 3 mm dünn ausrollen, daraus 12 Kreise ausstechen (z. B. mit einem Ausstecher oder dem Rand einer Müslischale, die etwas größer als die Förmchen ist). Teigreste zu einem kleinen Ballen kneten und hiermit 6 Teigstücke jeweils vorsichtig als Böden in die Förmchen drücken. Die Teigränder mit einem Pinsel mit etwas Wasser anfeuchten.

3 Die Förmchen gleichmäßig mit der Mandelcreme füllen. Die restlichen Teigstücke als Deckel auflegen und mit der flachen Hand festdrücken. Tartes ca. 30 Min. kühl stellen.

4 Für die Glasur das Eiweiß mit dem Puderzucker steif schlagen, bis eine homogene weiße Masse entstanden und der gesamte Puderzucker eingerührt ist.

1. Zunächst Butter, gemahlene Mandeln und Zucker vermengen. Dann das Mehl zugeben. Alles verrühren, bis die Mischung sandig aussieht. 2. Teigreste zu einem kleinen Ballen kneten und hiermit den Teig vorsichtig in die Förmchen drücken. 3. Die restlichen Teigstücke auflegen und mit der flachen Hand festdrücken. 4. Eiweißglasur mit einem Messer dünn auf den Tartelettes aufbringen.

5 Mit einem spitzen Messer zwei Löcher in jeden Teigdeckel stechen, eventuell vorhandene Luft durch die Löcher herausdrücken. Dann die Eiweißglasur mit einem Messer dünn auf die Blätterteigtörtchen auftragen. Törtchen weitere 30 Min. kühl stellen. Inzwischen Backofen auf 200° (Umluft 180°) vorheizen.

6 Die Törtchen im heißen Ofen (Mitte) ca. 20 Min. backen, bis die Glasur etwas dunkler wird. Sie darf während des Backens Risse bekommen. Tartelettes in den Förmchen auskühlen lassen, dann herausnehmen.

Varianten

Wer mag, füllt im Sommer frische Himbeeren mit in die Blätterteigtörtchen. Dazu 100 g Himbeeren verlesen, vorsichtig klein schneiden und auf die Mandelcreme geben. Dann die Teigdeckel auflegen. Schokofans nehmen statt Himbeeren Schokoladentröpfchen, die auch bei Hitze nicht schmelzen.

Eclairs au chocolat

ZUBEREITUNGSZEIT *2 Std.*
KÜHLZEIT *mind. 1 Std. 30 Min.*
BACKZEIT *35–40 Min.*
ZUTATEN *für 8 Stück*

FÜR DIE CRÈME PÂTISSIÈRE
100g Zucker
35g Stärkemehl
5 Eigelbe
400ml Milch
50g Schokoladenkuvertüre

FÜR DEN BRANDTEIG
30g Butter
(+ Butter für das Blech)
Salz
90g Mehl
3 Eier (Größe M)

FÜR DIE GLASUR
100g Schokoladenglasur
(Fertigprodukt)

AUSSERDEM
1 Spritzbeutel mit großer Lochtülle
(10–15mm)
1 Backblech
1 flacher Pinsel

1 Für die Crème Pâtissière Zucker und Stärkemehl mischen. Eigelbe verrühren. Zucker-Stärke-Mischung unterrühren. Milch in einem großen Topf erwärmen. Die Hälfte zur Eigelbmischung gießen und unterrühren. Restliche Milch zum Kochen bringen. Die Eigelbmischung in den Milchtopf gießen und alles unter ständigem Rühren zum Kochen bringen (s. Seite 106). Dann die Hitze reduzieren und Masse 3 Min. unter Rühren kochen lassen. Vorsicht, die Crème brennt leicht an! Crème auf einen großen Teller gießen, mit Frischhaltefolie abdecken und bis zur Verwendung im Kühlschrank durchkühlen lassen – mind. 90 Min.

2 Das Backblech buttern und wenn möglich kühl stellen. Den Backofen auf 200° (Umluft 180°) vorheizen. Für den Brandteig 150ml Wasser, Butter und 1 Prise Salz in einem Topf unter Rühren zum Kochen bringen. Topf vom Herd ziehen, das Mehl rasch einrühren. Den festen Teig in eine Schüssel kippen. Eier einzeln einrühren, und zwar so lange, bis jeweils wieder eine homogene Masse entstanden ist. Der Teig soll vom Löffel fallen, nicht laufen.

3 Teig in den Spritzbeutel füllen und längliche Streifen von 8–10cm auf das Blech spritzen. Eclairs mit einem nassen Pinsel flach klopfen (s. Seite 107). Im heißen Ofen (Mitte) 35–40 Min. backen, bis sie goldbraun sind und die Unterseite hart ist. Eclairs aus dem Ofen nehmen und auf dem Blech auskühlen lassen.

4 Für die Crème Kuvertüre in Stückchen schneiden und über einem heißen Wasserbad schmelzen. Crème Pâtissière aus dem Kühlschrank nehmen und nochmals glatt rühren. Etwas Crème mit der geschmolzenen Kuvertüre verrühren, dann mit zur restlichen Crème Pâtissière geben und einrühren.

5 Eclairs seitlich längs aufschneiden. Crème einfüllen. Schokoglasur nach Packungsangabe schmelzen und Eclairs damit überziehen. Kühl und stets frisch zubereitet servieren.

Tuiles aux amandes

ZUBEREITUNGSZEIT *40 Min.*
KÜHLZEIT *über Nacht*
BACKZEIT *3 x 8 Min.*
ZUTATEN *für ca. 20 Stück*

2 Eiweiße
120 g Zucker
100 g Mandelblättchen
40 g Mehl
1 Päckchen flüssiges Bourbon-Vanillearoma (5 g)

AUSSERDEM
3 Backbleche
3–4 EL Butter für die Bleche
1 Nudelholz

1 Die Eiweiße mit dem Zucker steif schlagen. Die Mandeln, das Mehl und das Vanillearoma unterrühren. Die Masse mit Frischhaltefolie zudecken und über Nacht kühl stellen.

2 Butter für die Bleche schmelzen. Die Backbleche damit bepinseln, wenn möglich kühl stellen, erneut bepinseln und wieder kühl stellen. Den Backofen auf 180° (Umluft 160°) vorheizen.

3 Die Tuilesmasse jeweils mit einem Teelöffel versetzt auf die Bleche geben. Dabei ausreichend Platz zwischen den Tuiles lassen, da die Masse verläuft. Tuiles im heißen Ofen (Mitte) portionsweise jeweils ca. 8 Min. backen, bis sie vom Rand her bräunen. Wenn die Hälfte der Oberfläche gebräunt ist, die Tuiles aus dem Ofen nehmen und sofort mit einer Palette oder einem Messer vom Blech lösen. Tuiles jeweils umgekehrt auf ein Nudelholz legen und dabei sehr vorsichtig andrücken (s. Tipp). Die Tuiles auf dem Nudelholz trocknen lassen, mindestens so lange, bis das nächste Blech gebacken ist. Sie erhalten beim Trocknen ihre typische Dachziegel-(„tuile“-)Form. Tuiles abkühlen lassen und servieren.

Tipp

Beim Formen der Tuiles müssen Sie schnell sein. Sind die Tuiles zu hart geworden? Dann werden sie wahrscheinlich beim Auflegen auf das Nudelholz brechen. Servieren Sie sie in diesem Fall flach – sie schmecken genauso gut.

Im Reich der Tortenfee gibt's zauberhafte Zuckerbäckereien: Cookies, wunderschöne Torten und himmlische Petits Fours – einfach zum Verlieben. Für fröhliche Familienfeste und magische Momente.

Kunstwerke von der Tortenfee

1. Ihre Traumtorte muss nicht immer rund oder eckig sein. Formen Sie sie mit einer selbst gemachten **Schablone** ganz nach Backlust und -laune. Dafür die gewünschte Form (z.B. ein Herz) auf stabilen Fotokarton aufzeichnen und ausschneiden. Nun die Form mit Hilfe der Schablone auf Backpapier übertragen.

2. Papier umdrehen und den Biskuitteig entsprechend aufstreichen. Den gebackenen Teig dann noch einmal mit Hilfe der Schablone in Bestform bringen. Dazu Pappschablone auflegen und Teig rundherum exakt ausschneiden.

Tortenfee

Barbara Sedlmayr

Kann die Tortenfee zaubern? Ja! Und Sie können es auch. Hier verrät Barbara Sedlmayr Rezepte, Tricks und Geheimnisse aus Ihrer Backstube. So gelingen auch in einer kleinen Küche traumhafte Torten, individuelle Cookies und farbenfrohe Petits Fours. Dazu brauchen Sie kein großes Equipment – mit den Profi-Tipps der Tortenfee und etwas Geschick kreieren Sie Kunstwerke auf ganz unkomplizierte Art. Barbara Sedlmayrs Tipp: große Torten mit Eiweißspritzglasur edel gestalten. Die Glasur können Sie selbst anrühren (Rezept Seite 136) oder bei der Tortenfee bestellen (s. Glossar Seite 150).

1.

2.

3. Traumtorten überzieht Barbara Sedlmayr mit **Arctic-White-Dekormasse**, die Sie bei ihr bestellen können (s. Glossar Seite 150). Mit Lebensmittelfarbe lässt sich die reinweiße Dekormasse wunderbar einfärben – Farbe einfach tropfenweise unterkneten, bis sie die gewünschte Intensität hat. Tipp der Tortenfee: Mit Kunststoffhandschuhen (z. B. aus der Apotheke oder dem Drogeriemarkt) lässt sich die Dekormasse besonders gut verarbeiten. Oder Masse in einen großen Gefrierbeutel füllen und dann verkneten. So bleibt sie geschmeidig.

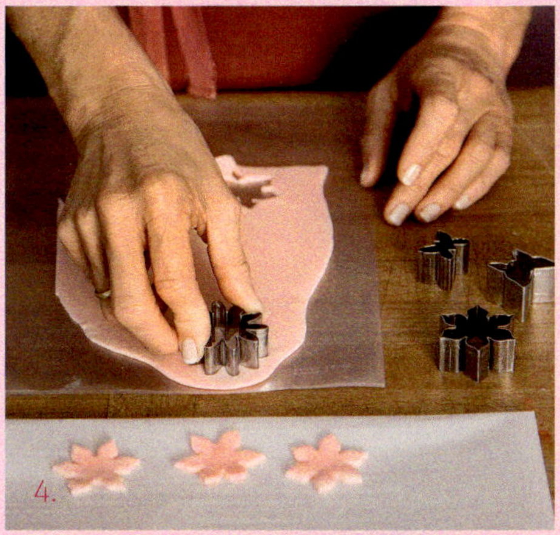

4.

4. Mit Arctic-White fertigt Barbara Sedlmayr auch ganz schnell **wunderschöne Deko-Elemente**. Masse einfach dünn ausrollen und nach Belieben wie Marzipan ausstechen. In einer Kunststoffdose oder kleinen Schachtel halten Blümchen und Schmetterlinge wochenlang. Sie können sie also gut auf Vorrat herstellen. Profitipp der Tortenfee: So können Sie die Reste, die beim Eindecken der Torte übrig bleiben, gut aufbrauchen.

5. Süße Kunstwerke verziert die Tortenfee gern mit farbiger **Eiweißspritzglasur** (Rezept Seite 136 und Glossar Seite 150). Ein paar Tropfen Lebensmittelfarbe unterrühren – schon bietet sich eine Vielfalt an kreativen Möglichkeiten. Wichtig: Glasur immer mit einem feuchten Tuch bedecken.

5.

6.

6. Blütenrausch: Eine einfache und wirkungsvolle Dekoration sind frische Rosenblüten. Barbara Sedlmayr klebt sie zum Schluss mit Eiweißspritzglasur auf die fertige Torte, ebenso wie die Silberperlen aus Zucker. Auch die zarten Ornamente an den Rändern hat sie zuvor mit der Glasur aufgetragen. Für die natürlich schöne Deko-Idee nur **Bio-Blüten** verwenden, z. B. aus dem eigenen Garten. Ungespritzte Blumen bekommen Sie auch in manchen Bioläden. Sie können sie auch bei Ihrem Blumenhändler oder im Internet bestellen (s. Bezugsadressen Seite 151).

Erdbeer-Limes-Torte
(Grundrezept)

ZUBEREITUNGSZEIT *2 Std. (ohne Deko)*
BACKZEIT *3 x 8–10 Min.*
KÜHLZEIT *2 x 1 Std.*
ZUTATEN *für 1 Torte (30 x 30 x 5 cm)*

FÜR DEN BISKUITTEIG
8 Eier (Größe M) | 200 g Zucker | Salz
1 Päckchen Bourbon-Vanillezucker
8 Eigelbe | 160 g Mehl | 40 g Speisestärke

FÜR BUTTERCREME UND ERDBEEREN
3 sehr frische Eier (Größe M)
3 sehr frische Eigelbe (Größe M)
90 g Zucker | 600 g weiche Butter
1 Päckchen Bourbon-Vanillezucker
750 g Erdbeeren | 1/2 Bio-Zitrone
100 ml Erdbeer-Limes (Fruchtlikör; ersatzweise verdünnter Erdbeersirup)
1–2 EL Erdbeer- oder Himbeersirup

ZUM BETRÄUFELN UND AUSSERDEM
50 g Zucker | 100 ml Erdbeer-Limes
25 ml Wodka (ersatzweise verdünnter Zitronensaft)
3 Backbleche | Backpapier

DEKOZUTATEN
s. folgende Seite

1 Backofen auf 220° (Umluft 200°) vorheizen. Backbleche mit Papier belegen. Für den Teig Eier trennen. Eiweiße in einer sehr großen Schüssel mit Zucker, 1 Prise Salz und Vanillezucker in 5–7 Min. steif schlagen. Eigelbe (insgesamt 16) nacheinander einrühren. Mehl und Stärke über die Eimasse sieben und unterheben. Teig gleichmäßig auf die Bleche streichen. Im heißen Ofen (2. Schiene von unten) jeweils 8–10 Min. backen, bei Umluft Bleche zusammen in den Ofen schieben. Fertige Böden mit Papier vom heißen Blech ziehen und abkühlen lassen.

2 Für die Buttercreme Eier und Eigelbe mit dem Zucker über einem heißen Wasserbad warm schlagen und pasteurisieren (s. Seite 8), dann kalt weiterschlagen. Butter in Stücke schneiden und mit dem Vanillezucker schaumig schlagen. Die Eiermasse langsam unterrühren. Ein Drittel der Buttercreme in eine Extra-Schüssel geben und bis zum Einstreichen der Torte beiseitestellen.

3 Die Erdbeeren waschen und putzen. Die Zitrone heiß waschen. 1 TL Schale abreiben. Saft auspressen. 250 g Erdbeeren mit dem Pürierstab oder im Mixer pürieren und mit den restlichen zwei Dritteln Buttercreme und der Zitronenschale vermischen. Erdbeerbuttercreme mit Erdbeer-Limes, 1–2 EL Zitronensaft und dem Sirup abschmecken und kühl stellen.

4 Restliche Erdbeeren für die Füllung dünn schneiden. Sind sie zu grob geschnitten, werden die Schichten der Torte zu dick. Zum Beträufeln der Böden 100 ml Wasser mit dem Zucker kurz aufkochen, Erdbeer-Limes und Wodka unterrühren. Die Torte fertigstellen und dekorieren wie auf den folgenden Seiten beschrieben.

Erdbeer-Limes-Torte
(Herstellung und Deko)

ZUBEREITUNGSZEIT *1 Std.*
(Fertigstellung und Deko)
KÜHLZEIT *1 Std.*

ZUTATEN
FÜR DIE DEKORATION
200g weiße Kuvertüre
500g schöne Erdbeeren

Varianten

Die Erdbeer-Limes-Torte schmeckt am besten im Frühsommer, wenn frische Erdbeeren Hochsaison haben. Im Herbst und Winter lieber ***TK-Himbeeren*** *nehmen. Die Früchte nach dem Pürieren passieren, so dass die Kerne im Sieb bleiben. Statt Wodka Himbeergeist, außerdem Himbeermark und Himbeersirup verwenden.*

Eine ***alkoholfreie Erdbeer-Limes-Torte*** *nicht mit Likör, sondern verdünntem Erdbeersirup aromatisieren. Oder frische Erdbeeren sehr fein pürieren, mit Zucker und 1 Spritzer Zitronensaft abschmecken. Biskuitböden mit dieser Mischung tränken.*

1 Für die Fertigstellung die abgekühlten Biskuitböden umdrehen. Papier entfernen. Böden mit einem scharfen Sägemesser quadratisch (30x30cm) schneiden.

2 Die Böden jeweils leicht mit der Erdbeer-Limes-Mischung beträufeln und mit Erdbeerbuttercreme und den gehobelten Erdbeeren übereinanderschichten, dabei die Biskuitabschnitte in der Mitte der Torte als zusätzlichen Boden einschichten. Zusammengesetzte Torte 1 Std. kühl stellen.

3 Gekühlte Torte mit Hilfe eines Lineals an den Kanten gerade schneiden. Dann die Oberfläche und die Seiten mit der beiseitegestellten hellen Buttercreme einstreichen. Sollte die Creme im Kühlschrank zu fest geworden sein, können Sie sie kurz in der Mikrowelle oder über einem heißen Wasserbad wieder erwärmen.

4 Für die Deko die Kuvertüre mit einem breiten, langen Messers abhobeln, sodass Späne entstehen. Schokospäne kurz kühl stellen, dann leicht mit den Fingern oder mit einem Teigspachtel an den Tortenrand drücken. Die Erdbeeren waschen und trocken tupfen. Die Hälfte der Erdbeeren entstielen und alle in der Mitte halbieren. Den äußeren Rand der Torte mit den Erdbeeren mit Stiel nach oben belegen. Dann die Mitte der Torte mit den restlichen Erdbeeren dekorieren (s. rechts und Foto Seite 127).

1. Gut gestapelt: den ersten Boden mit Erdbeer-Limes-Tränke beträufeln und dünn mit Erdbeercreme bestreichen. Das geht am besten mit einer Winkelpalette. Dann einige fein geschnittene Erdbeeren darüberlegen. Nun die Biskuitabschnitte darauflegen, beträufeln und mit Erdbeeren belegen. Mit einem weiteren Biskuitboden genauso verfahren. Den letzten Biskuitboden nur beträufeln und dann als Abschluss auf die Torte setzen.

2. Zum Einstreichen zuerst die Creme auf der Oberfläche der Torte verteilen und dann bis über den Rand der Torte verstreichen. Anschließend den Seitenrand der Torte großzügig mit Creme einstreichen, am besten mit einem Teigspachtel. Jetzt den Teigspachtel am unteren Tortenboden anlegen, leicht an den Tortenrand drücken und bis zur nächsten Kante ziehen.

3. Nun den überstehenden Cremerand mit Hilfe der Palette in Richtung Tortenmitte abziehen.

4. Die Schokoladenspäne locker an den Cremerand drücken, dann die Erdbeeren auflegen. Profitipp: Frisch gehobelte Späne kurz in den Kühlschrank stellen. Dann lassen sie sich besser verarbeiten. Wollen Sie die Torte schon am Vortag vorbereiten? Dekorieren Sie sie komplett mit Schokoladenspänen. Vor dem Servieren dann einfach ein paar Erdbeeren frisch auflegen!

Latte-Macchiato-Torte
(Grundrezept)

ZUBEREITUNGSZEIT *2 Std. (ohne Deko)*
BACKZEIT *3 x 10 Min., 1 x 6–8 Min.*
KÜHLZEITEN *insgesamt 4 Std.*
ZUTATEN *für 1 Torte (Ø 28 cm)*

FÜR DEN MÜRBETEIGBODEN
150 g Mehl | 1 Ei (Größe M)
100 g kalte Butter | 50 g Puderzucker

FÜR DEN SCHOKO-BISKUITTEIG
12 Eier (Größe M) | 120 g Zucker | Salz
1 Päckchen Bourbon-Vanillezucker
120 g Mehl | 45 g dunkles Kakaopulver

FÜR DIE LATTE-MACCHIATO-CREME UND ZUM BETRÄUFELN
4 sehr frische Eier (Größe M)
4 sehr frische Eigelbe (Größe M)
120 g Zucker | 800 g weiche Butter
1 Päckchen Bourbon-Vanillezucker
10 g lösliches Espressopulver
100 ml Amaretto (ersatzweise Wasser)
50 ml starker Espresso

AUSSERDEM
2 Backbleche | Backpapier

DEKOZUTATEN
s. folgende Seite

1 Für den Boden Mehl, Ei, Butter und Puderzucker zu einem Mürbeteig verkneten. Teig zur Kugel formen, in Folie wickeln und 2 Std. kühl stellen.

2 Backofen auf 220° (Umluft 200°) vorheizen. Backbleche mit Papier belegen. Für den Biskuitteig Eier trennen. Eiweiße mit Zucker, 1 Prise Salz und Vanillezucker in 5–7 Min. steif schlagen. Dann die Eigelbe nacheinander einrühren. Mehl und Kakao über die Eimasse sieben und unterheben. Biskuitteig gleichmäßig auf die Bleche aufstreichen. Im heißen Ofen (2. Schiene von unten) jeweils 8–10 Min. backen, bei Umluft Bleche zusammen in den Ofen schieben. Fertige Böden mit Papier vom heißen Blech ziehen und abkühlen lassen.

3 Für die Creme Eier und Eigelbe mit dem Zucker über einem heißen Wasserbad warm schlagen und pasteurisieren (s. Seite 8), dann kalt weiterschlagen. Butter mit Vanillezucker schaumig schlagen. Eiermasse langsam unterrühren. Ein Drittel der Buttercreme bis zum Einstreichen der Torte beiseitestellen. Espressopulver in 50 ml Amarettolikör auflösen und unter die restliche Creme rühren.

4 Zum Beträufeln der Böden den restlichen Amaretto mit 50 ml Wasser verdünnen. Dann den Espresso unterrühren.

5 Für den Mürbeteig Backofen auf 200° (Umluft 180°) vorheizen. Erneut Backblech mit Papier belegen. Teig zwischen zwei Folien 2 mm dünn ausrollen. Mit einem Tortenring oder dem Rand einer großen Schüssel einen großen Kreis (Ø 28 cm) ausstechen und auf das Blech geben. Im heißen Ofen (Mitte) in ca. 6–8 Min. goldgelb backen. Die Torte fertigstellen und dekorieren wie auf den folgenden Seiten beschrieben.

ZUBEREITUNGSZEIT *1 Std.*
(Fertigstellung und Deko)
KÜHLZEIT *1 Std.*

ZUTATEN
FÜR DIE DEKORATION
400 g Amarettini
dunkles Kakaopulver und Puderzucker zum Bestäuben
Schoko-Mocca-Bohnen zum Garnieren

Variante

Sehr raffiniert schmeckt diese Torte auch mit ***Orangenkonfitüre****, die dünn auf den Schokoladenbiskuit gestrichen wird. Die Buttercreme statt mit Amaretto und Espresso mit Orangenlikör, Orangenschale und -saft aromatisieren.*

Latte-Macchiato-Torte
(Herstellung und Deko)

1 Für die Fertigstellung der Torte die abgekühlten Biskuitböden umdrehen. Papier entfernen. Böden leicht mit etwas Amarettomischung beträufeln. Die Latte-Macchiato-Creme darauf verteilen und mit der Winkelpalette gleichmäßig verstreichen. Böden mit Hilfe eines Lineals und eines Sägemessers der Länge nach in 5 cm breite Streifen schneiden. Amarettini in einen großen Gefrierbeutel geben und zerkleinern, z. B. mit dem Nudelholz. Die Hälfte der Amarettinibrösel auf der Creme verteilen, die übrigen für die Deko beiseitestellen.

2 Den ersten Biskuitstreifen zu einer kleinen Schnecke aufrollen und in die Mitte des gebackenen Mürbeteigs platzieren. Die übrigen Streifen nun nacheinander vorsichtig um die Schnecke wickeln, bis alle Streifen aufgebraucht sind. Den Rest der Amarettomischung oben auf der Torte verteilen. Torte 1 Std. kühl stellen.

3 Die gekühlte Torte mit einem langen Sägemesser an der Oberfläche und dem Seitenrand begradigen. Torte mit der beiseitegestellten hellen Buttercreme einstreichen. Dazu Creme auf der Oberfläche der Torte verteilen, dann bis über den Rand der Torte verstreichen. Anschließend den Seitenrand der Torte großzügig mit Creme einstreichen. Teigspachtel am unteren Tortenboden anlegen, leicht an den Tortenrand drücken, Torte dabei drehen.

4 Den Seitenrand mit den übrigen Amarettini bestreuen, Amarettini dabei leicht andrücken. Torte mit Kakao und Puderzucker bestäuben, nach Belieben dabei eine Schablone auflegen. Torte mit den Schoko-Mocca-Bohnen dekorieren (s. rechts und Foto Seite 131).

1.

1. Biskuit zunächst an den Seitenrändern mit einem Lineal ausmessen, 5 cm Abstände markieren. Dann Biskuit in Streifen schneiden. Je exakter die Streifen geschnitten sind, desto schöner wird nachher die Torte. Erst nach dem Schneiden die Amarettini aufstreuen. Sie sorgen für einen raffinierten Knuspereffekt.

4.

2. Den ersten Biskuitstreifen zu einer Schnecke aufwickeln und auf den Mürbeteig setzen. Die übrigen Streifen nun vorsichtig darum herumwickeln. Wichtig: Die Schichten sollen eng aneinander liegen. Auch hier lohnt sich sorgfältiges Arbeiten.

2.

3. Mit Barbara Sedlmayrs Wickel-Trick gelingen Torten von Mini bis XXL – ganz leicht und ohne spezielle Formen. Einfach so viele Streifen um die mittlere Schnecke wickeln, bis jeweils die gewünschte Größe erreicht ist. Und wer eine höhere Torte wünscht, schneidet einfach breitere Streifen aus. Bei größeren Torten die Grundzutaten verdoppeln, für kleinere Törtchen Rezept halbieren.

3.

4. Den Seitenrand mit Amarettini bestreuen. Drücken Sie die Amarettini mit der Hand leicht an. Zum Schluss das Kakaopulver und den Puderzucker mit einem Sieb über die Torte stäuben. Mit Hilfe von einfachen Schablonen, z. B. Herz oder Kaffetasse, können Sie dabei ganz leicht ein Muster auf die Torte zaubern.

Hochzeitstorte

ZUBEREITUNGSZEIT *4 Std. (ohne Deko)*
KÜHLZEIT *insgesamt 6 Std., am besten über Nacht (s. Tipp)*
ZUTATEN *für 1 doppelstöckige Torte*

FÜR DIE UNTERE QUADRATISCHE TORTE *(30x30x5cm)*
1 Grundrezept Erdbeer-Limes-Torte (s. Seite S. 126)

FÜR DIE OBERE RUNDE TORTE *(Ø 20cm)*
1/2 Grundrezept Latte-Macchiato-Torte (s. Seite 130)

DEKOZUTATEN
s. folgende Seite

1 Für die untere Erdbeer-Limes-Torte Biskuitteig, Buttercreme, Erdbeeren für die Füllung und Erdbeer-Limes-Mischung zum Beträufeln zubereiten wie auf Seite 126 beschrieben. Die Torte zusammensetzen und mit heller Buttercreme einstreichen (s. Seite 128). Erdbeer-Limes-Torte jedoch nicht dekorieren, sondern mind. 3 Std. kühl stellen.

2 Für die obere Latte-Macchiato-Torte jeweils 1/2 Grundrezept Mürbeteigboden, Schoko-Biskuitteig, Latte-Macchiato-Creme und Amarettomischung zum Beträufeln zubereiten wie auf Seite 130 beschrieben. Dabei für den Mürbeteig statt 1 Ei (Größe M) 1 kleineres Ei (Größe S) verwenden. Aus dem ausgerollten Mürbeteig mit einem Tortenring oder dem Rand einer Schüssel einen kleineren Kreis (Ø 20cm) ausstechen und backen. Biskuitteig in Streifen schneiden und daraus eine kleine runde Torte wickeln (s. Seite 132 und 133). Die Torte mit heller Buttercreme einstreichen. Latte-Macchiato-Torte jedoch nicht dekorieren, sondern zunächst mind. 3 Std. kühl stellen.

Tipp

Am besten backen Sie die Torten 1 Tag vor dem Dekorieren. So können Sie Teige und Cremes in Ruhe vorbereiten. Und die Torten haben über Nacht genügend Zeit durchzukühlen. Vergessen Sie nicht, dafür Platz im Kühlschrank zu schaffen!

Hochzeitstorte
(Herstellung und Deko)

ZUBEREITUNGSZEIT *2 Std. (Fertigstellung und Deko)*

ZUTATEN
FÜR DIE EIWEISSSPRITZGLASUR
(s. Glossar Seite 150)
1 Eiweiß
125–150g Puderzucker
Salz
ca. 1 TL Zitronensaft

ZUM EINDECKEN
1 kg Arctic-White-Dekormasse (Fertigprodukt, s. Glossar Seite 150)

FÜR DIE DEKORATION
150g Silberperlen aus Zucker (Fertigprodukt)
7 Rosen (am besten unbehandelt)
1 große Platte (z.B. aus Silber, Spiegelglas oder Glas) zum Servieren
1 Eiweiß
1 EL Zucker nach Belieben

AUSSERDEM
Papierspritztüten (s. Seite 11)

1 Für die Spritzglasur das Eiweiß in eine Rührschüssel geben. 125g Puderzucker darübersieben und unterrühren. Alles mit 1 Prise Salz und 1 Spritzer Zitronensaft auf niedriger Stufe verrühren, bis die Masse sämig glatt ist, aber nicht nass aussieht. Eventuell noch etwas Puderzucker unterrühren. Wirkt die Mischung zu fest, noch etwas Eiweiß zugeben. Die Masse 4–5 Min. weiter schaumig rühren, bis sie steife Spitzen bildet. Nach dem Aufschlagen den Rand sofort mit einem Teigschaber säubern und die Glasur mit einem feuchten Tuch abdecken. Oder Glasur in eine dicht schließende Kunststoffdose füllen. Die Spritzglasur lässt sich so bis zu 7 Tage aufbewahren.

2 Zum Eindecken der Torte die Arctic-White-Masse mit den Handballen weich kneten. Masse vorher am besten in einem großen Gefrierbeutel füllen, damit sie beim Kneten nicht austrocknet. Dann die Masse zwischen zwei stabilen Kunststofffolien mit dem Nudelholz sehr dünn ausrollen, mind. 20cm größer als die Torte (s. Tipp). Für die runde Torte brauchen Sie einen Kreis mit ca. 40cm Ø, für die eckige ein Quadrat von 50x50cm.

3 Die vorbereiteten Torten nacheinander aus dem Kühlschrank nehmen und jeweils mit Arctic-White dünn eindecken. Überstehende Ecken bei der viereckigen Torte mit einer Schere abschneiden und verstreichen. Unteren Rand der Torten jeweils mit einem geraden scharfen Messer abschneiden. Kanten immer wieder glatt streichen. Am besten die Torten nochmals erneut kühl stellen.

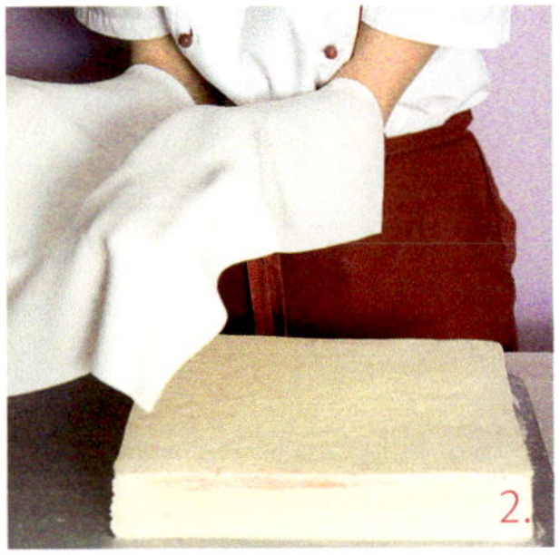

1. Zwischen zwei stabilen Kunststofffolien (s. Tipp) lässt sich die weich geknetete Arctic-White-Masse perfekt ausrollen. 2. Die ausgerollte Masse vorsichtig über die Torte legen. 3. Masse behutsam von oben nach unten über den Seitenrand glatt streichen. Drücken Sie die Masse dabei fest an den Rand und streichen Sie sie jeweils mit den Händen glatt. 4. Mit einer Schere überstehende Ecken abschneiden. 5. Mit einem Küchenmesser entfernen Sie den überstehenden Rand. Nehmen Sie dazu ein Messer mit glatter Klinge, kein Sägemesser.

4 Die viereckige Torte mit einer Palette von der Arbeitsplatte lösen und auf die Servierplatte setzten. Dann die runde Torte ebenfalls von der bisherigen Platte lösen und mittig auf die eckige Torte setzen.

5 Für die Dekoration die Papierspritztüte zur Hälfte mit der weißen Eiweißspritzglasur füllen. Tüte schließen und damit kleine Tupfen auf die Tortenränder aufspritzen (s. Foto Seite 135). Dann zügig die Silberperlen auf die Tupfen kleben. Für die Blüten-Umrandung 4 Rosenblüten zerpflücken und mit Hilfe der Spritzglasur ringsherum ankleben. Die 3 restlichen Blüten obenauf legen (s. Seite 125), nach Belieben die Blätter mit etwas flüssigem Eiweiß bestreichen und mit Zucker bestreuen. Torte servieren.

Tipp

Stabile Kunststofffolien bekommen Sie im Fachgeschäft für Konditoreibedarf, aber auch in fast jedem Baumarkt oder Haushaltswarengeschäft: Kaufen Sie einfach 1–2 m transparente feste Plastiktischdecke von der Rolle und schneiden Sie sie in zwei große Stücke. Sie können auch zwei transparente Prospekthüllen aus dem Schreibwarengeschäft zweckentfremden: Hüllen aufschneiden und ausbreiten.

1. **Süße Blütenpracht:** Arctic-White-Masse einfärben, dünn ausrollen und nach Wunsch ausstechen. Die Zuckerblüten dann in die Plastik-Vertiefungen einer leeren Pralinenschachtel (z. B. von Toffifee) drücken und trocknen lassen. So wirken sie noch natürlicher.

2. Mit der Papiertüte können Sie nun noch bunte Tupfen in die Blüten spritzen. Dazu die Eiweißglasur mit Lebensmittelfarbe passend einfärben.

Torten für Familienfeste

Lassen Sie sich inspirieren! Mit Arctic-White, etwas Lebensmittelfarbe und ein wenig Phantasie und Fingerspitzengefühl können Sie traumhaft schöne Torten in allen Farben des Regenbogens gestalten.

Frühlingsfrische Variante: Unter lindgrüner Verpackung verbirgt sich die Erdbeer-Limes-Torte von Seite 126. Für den farbigen Überzug ein paar Tropfen Lebensmittelfarbe unter die Arctic-White-Masse (s. Glossar Seite 150) kneten. Blüten und Schmetterlinge können Sie ebenfalls ganz leicht aus der Dekormasse formen (s. rechts). Dazu verwenden Sie am besten Arctic-White-Reste, die sie mit je 1 Spritzer Lebensmittelfarbe gelb, rosa oder knallig pink färben. Die Blüten und Schmetterlinge werden mit Eiweißspritzglasur auf die Torte geklebt. Die Glasur brauchen Sie auch für die zarten Tupfen, die Sie zum Schluss mit einer Spritztüte (s. Seite 11) auf die Torte auftragen.

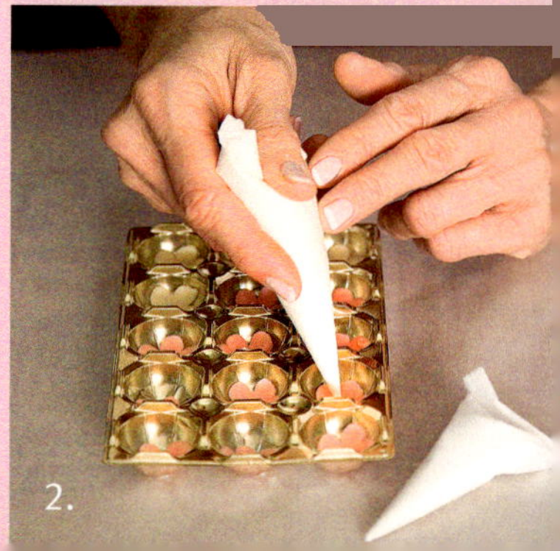

3.

3. Originelle Torte für die Taufe: Mit etwas Kunstfertigkeit verwandelt sich eine runde Torte in einen Kinderwagen. Zunächst aus einer mit Buttercreme eingestrichenen, sehr gut gekühlten Latte-Macchiato-Torte (Grundrezept Seite 130) 1/4 Stück Torte ausschneiden.

4.

4. Für die Räder des Kinderwagens aus dem Tortenviertel 2 Halbkreise ausstechen. Das funktioniert am besten mit einem großen, runden Ausstecher.

5.

5. Die ausgestochenen Halbkreise als Räder an den unteren Rand der Torte mit Buttercreme ankleben. Nun auch alle Schnittflächen nochmals mit Creme bestreichen. Torte dann mind. 30 Min. kühl stellen. In dieser Zeit können Sie aus festem Fotokarton eine Kinderwagen-Schablone fertigen (wie die Kronen-Schablone auf Seite 141).

6.

6. Für die Dekoration brauchen Sie Arctic-White-Dekormasse (s. Glossar Seite 150) und eingefärbte Eiweißspritzglasur (s. Glossar Seite 150 und Rezept Seite 136). Dekormasse dünn ausrollen, mithilfe einer Schablone in Kinderwagenform ausschneiden und auf die Torte legen. Restliche Arctic-White-Masse erneut sehr dünn ausrollen. Daraus Streifen in Tortenhöhe ausschneiden. Tortenrand mit diesen Streifen verkleiden, dabei die Streifen glatt streichen und unten sauber abschneiden. Zum Schluss die Glasur in eine Papierspritztüte (s. Seite 11) füllen. Torte damit nach Wunsch dekorieren. Zeichnen Sie z. B. Muster oder Radspeichen auf den süßen Kinderwagen auf. Und die Gäste sollen natürlich wissen, wem der Kinderwagen gehört ...

ZUBEREITUNGSZEIT *4 Std.*
KÜHLZEIT *3 Std.*
BACKZEIT *3 x 10 Min.*
ZUTATEN *für 1 Kronen-Torte*

FÜR DIE TORTE *(30 x 20 x 7 cm)*
1 Grundrezept Erdbeer-Limes-Torte
(s. Seite S. 126)

FÜR DIE DEKORATION
500 g Arctic-White-Dekormasse
(s. Glossar Seite 150)
gelbe und rote Lebensmittelfarbe
200 g Gold- und Silberperlen aus
Zucker in verschiedenen Größen
(Fertigprodukt)

FÜR DIE EIWEISSSPRITZGLASUR
(s. Glossar Seite 150)
1 Eiweiß
125–150 g Puderzucker
Salz
ca. 2 TL Zitronensaft

AUSSERDEM
1 Bogen Fotokarton (ca. 30 x 20 cm)
3 Backbleche
Papierspritztüten (s. Seite 11)

Prinzessinnen-Torte

1 Für die Torte Biskuitteig, Buttercreme, Erdbeeren für die Füllung und Erdbeer-Limes-Mischung zum Beträufeln zubereiten wie auf Seite 126 beschrieben, Biskuitböden jedoch auf Größe 30 x 20 cm zuschneiden. Die Torte zusammensetzen, dabei die Biskuitabschnitte in der Mitte als zusätzliche Böden einschichten (s. Seite 128). Torte jedoch nicht mit heller Buttercreme einstreichen und nicht dekorieren. Mind. 3 Std. kühl stellen. Inzwischen aus dem Karton eine Schablone für eine Krone fertigen. Schablone auf die Torte legen. Torte entsprechend ausschneiden.

2 Kronentorte nach dem Kühlen mit der hellen Buttercreme einstreichen, dabei zuerst die Oberfläche bestreichen, dann behutsam die Seitenränder.

3 Arctic-White weich kneten. Masse vorher am besten in einen großen Gefrierbeutel füllen, damit sie beim Kneten nicht austrocknet. Gelbe Lebensmittelfarbe mit 1 Spritzer roter Farbe mischen, um goldgelben Farbton zu erhalten. Lebensmittelfarbe unter die Arctic-White-Masse kneten, dabei etwas Farbe für die Glasur zurückbehalten. Arctic-White zwischen zwei Kunststofffolien (s. Tipp Seite 137) sehr dünn ausrollen. Kronenschablone auflegen, ausgerollte Masse entsprechend ausschneiden. Die so entstandene Krone auf die Torte legen. Restliche Masse zusammenkneten und erneut dünn ausrollen. Daraus Streifen in Tortenhöhe (ca. 7 cm) ausschneiden und aufrollen. Torte damit umranden.

4 Eiweißspritzglasur zubereiten wie auf Seite 136 beschrieben. Einen Teil der Glasur einfärben. Spritztüte jeweils zur Hälfte mit gewünschter Glasur füllen. Tüte schließen und Torte nach Wunsch dekorieren: z. B. Ornamente auf die Torte auftragen, Tupfen aufspritzen oder Zuckerperlen mit Glasur aufkleben.

1. Für die Schablone ganz einfach eine Krone auf einen stabilen Karton aufzeichnen, dann entsprechend ausschneiden.

2. Schablone auf die rechteckige Torte auflegen, dann die Torte mit einem scharfen Messer entsprechend ausschneiden. Profitipp der Tortenfee: Torte vorher gut durchkühlen lassen. So lässt sie sich besser schneiden.

3. Fürs Umranden der Torte brauchen Sie Fingerspitzengefühl: Arctic-White-Streifen behutsam aufrollen. Dann die Tortenränder damit – Zacke für Zacke – bedecken. Die Kanten jeweils zusammendrücken, dann „wegstreicheln", d. h. immer wieder mit den Fingerspitzen darüberfahren.

4. Gestalten Sie die Krone ganz nach Phantasie: Die vorbereitete Eiweißspritzglasur können Sie z. B. in feinen Linien auf die Torte auftragen. Oder die Glasur mit Hilfe der Papiertüte in kleinen Tupfen aufspritzen. Dann Zuckerperlen auf die Tupfen kleben. Gold- und Silberperlen finden Sie besonders häufig zur Weihnachtszeit in großen Supermärkten. Rund ums Jahr bekommen Sie dort glitzernde Prinzessinnen-Juwelen aus Zucker.

Anna

Baumkuchen-Petits Fours

ZUBEREITUNGSZEIT *3 Std.*
BACKZEIT *2 x 8–9 Min.*
KÜHLZEIT *3 Std.*
ZUTATEN *für 45–60 Petits Fours*

FÜR DIE TÖRTCHEN
250 g weiche Butter | 180 g Zucker
400 g Marzipanrohmasse
8 Eier (Größe M) | Salz | 80 g Mehl
80 g Speisestärke
500 g Aprikosenkonfitüre
Puderzucker zum Bestäuben

FÜR DIE DEKORATION
1 kg Fondant (beim Bäcker bestellen, s. Glossar Seite 150 und Tipp)
Lebensmittelfarben, Papierförmchen, Zuckerperlen, frische essbare Blüten etc.

FÜR DIE EIWEISSSPRITZGLASUR
1 Eiweiß | 125–150 g Puderzucker
Salz | 1–2 TL Zitronensaft

AUSSERDEM
2 Backbleche | Backpapier | Ausstecher
Papierspritztüten (s. Seite 11)

1 Den Backofen auf 200° (Umluft 180°) vorheizen. Backbleche mit Papier belegen. Die Butter mit 40 g Zucker und 150 g Marzipan schaumig rühren. Die Eier trennen. Die Eiweiße mit dem restlichen Zucker und 1 Prise Salz steif schlagen, dann nach und nach die Eigelbe zugeben und kurz unterrühren. Mehl und Speisestärke mischen, dazusieben und unterrühren. Teig mit der Winkelpalette auf den Blechen zu einem Rechteck (30 x 40 cm) verstreichen. Im heißen Ofen (Mitte) jeweils 8–9 Min. backen, bei Umluft Bleche zusammen in den Ofen schieben.

2 Böden vom Blech lösen und abkühlen lassen. Dann in der Mitte halbieren, so dass Sie 4 Böden à 20 x 30 cm erhalten. Die Böden jeweils dünn mit Konfitüre bestreichen und übereinandersetzen. Die restliche Marzipanmasse zwischen 2 dünnen Kunststofffolien ebenfalls auf 20 x 30 cm ausrollen und als letzte Schicht auf die Böden legen. Marzipan mit Puderzucker leicht bestäuben, Backpapier und Backblech darauflegen. Alles stürzen und Böden mind. 3 Std. kühl stellen.

3 Die gut gekühlten, geschichteten Böden in Quadrate (3 x 3 cm) schneiden. Oder mit Ausstechern Formen daraus ausstechen, z. B. Kreise oder Herzen. Petits Fours auf ein Blech setzen.

4 Fondant in einer Schüssel auf dem Herd bei schwacher Hitze unter Rühren handwarm erwärmen (auf ca. 36°) oder in ca. 3 Min. bei 600 Watt in der Mikrowelle. Fondant nach Belieben portionsweise einfärben, zunächst weiß, dann gelb, lindgrün und braun oder auch weiß, rosa, blau, braun. Wird der Fondant zu kühl, Masse unbedingt erneut erwärmen.

1. Achten Sie beim Zusammensetzen darauf, dass alle Böden gleichmäßig aufeinander liegen. 2. Vor dem Stürzen Marzipan als letzte Schicht auflegen, mit Puderzucker leicht bestäuben, dann Backpapier und Backblech darauflegen. 3. Petits Fours nach Wunsch ausstechen. 4. Die Törtchen mit einer Pralinengabel in den Fondant tauchen, zum Abtropfen mit der Marzipanseite nach oben auf ein Kuchengitter setzen. 5. Zum Anbeißen schön sind ungespritzte Blüten, die Sie mitessen dürfen.

5 Petits Fours mit einer Pralinengabel einzeln mit der Marzipanseite nach unten in den Fondant tauchen. Dann zum Abtropfen mit der Marzipanseite nach oben auf ein Kuchengitter setzen und Fondant trocknen lassen. Die Petits Fours mit einer Palette vom Kuchengitter lösen und nach Belieben in Papierförmchen setzen.

6 Eiweißspritzglasur zubereiten wie auf Seite 136 beschrieben und nach Belieben portionsweise mit Lebensmittelfarbe färben. Spritztüte jeweils zur Hälfte mit gewünschter Glasur füllen. Tüte schließen und Petits Fours nach Wunsch dekorieren, z. B. mit Spritzglasur Ornamente auf die Törtchen aufzeichnen, Tupfen aufspritzen oder Zuckerperlen und -blümchen oder essbare Blüten aufkleben (s. auch Foto Seite 142 und 143). Petits Fours frisch zubereitet servieren.

Tipp

Haben Sie bei Ihrem Bäcker oder Konditor keinen Fondant bekommen? Dann überziehen Sie die Petits Fours ersatzweise mit dicker Eiweißspritzglasur. Die Glasur wie auf Seite 136 beschrieben zubereiten, pro Eiweiß mind. 150 g Puderzucker verwenden.

Sophia

Cookies

ZUBEREITUNGSZEIT *90 Min.*
BACKZEIT *2 x 7–10 Min.*
KÜHLZEIT *1 Std.*
ZUTATEN *für 30–40 Stück*

FÜR DIE COOKIES
1 Bio-Zitrone
60 g weiche Butter
125 g Puderzucker
1 Ei
250 g Mehl

FÜR DIE DEKORATION
500 g Arctic-White-Dekormasse (Fertigprodukt, s. Glossar Seite 150) nach Belieben
1 Eiweiß | Lebensmittelfarben
Zuckerperlen nach Belieben

FÜR DIE EIWEISSSPRITZGLASUR
(s. Glossar Seite 150)
1 Eiweiß | 125–150 g Puderzucker
Salz | ca. 1 TL Zitronensaft

AUSSERDEM
Papierspritztüten (s. Seite 11)
2 Backbleche | Backpapier
Ausstecher in verschiedenen Formen

1 Backofen auf 200° (Umluft 180°) vorheizen. Für die Cookies die Zitrone heiß waschen. Die Schale abreiben und mit der Butter und dem Puderzucker in einer Schüssel mit dem Handrührgerät leicht schaumig rühren. Das Ei zugeben und unterrühren. Das Mehl darübersieben. Alles gründlich verkneten. Den Teig zu einer Kugel formen und 1 Std. kalt stellen.

2 Teig auf der Arbeitsfläche mit den Händen kurz durchkneten und mit dem Nudelholz zwischen 2 Kunststofffolien 4 mm dünn ausrollen. Bleche mit Papier belegen. Mit passenden Ausstechern gewünschte Motive (z. B. Fußballtrikot oder Fisch) aus dem Teig ausstechen. Cookies auf die Bleche setzen und im heißen Ofen (Mitte) je nach Größe in 7–10 Min. goldbraun backen, bei Umluft Bleche zusammen in den Ofen schieben.

3 Cookies aus dem Ofen nehmen und auf den Blechen abkühlen lassen. Nach Belieben nun die Cookies mit Arctic-White-Dekormasse und Eiweißspritzglasur (z. B. Fußballtrikot) oder nur mit Glasur (z. B. Schmetterling) dekorieren.

4 Für die Dekoration mit Arctic-White die Dekormasse weich kneten. Lebensmittelfarbe portionsweise gut unter die Masse kneten, dabei etwas Farbe für die Glasur zurückbehalten. Masse zwischen zwei stabilen Kunststofffolien sehr dünn ausrollen und mit den passenden Ausstechern gewünschte Motive ausstechen. Die ausgestochenen Teile mit Eiweiß auf die entsprechenden Cookies kleben.

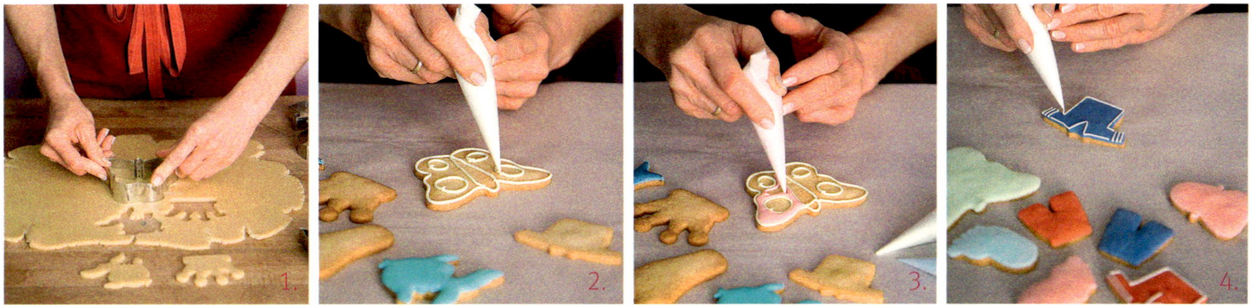

1. Cookies nach Belieben ausstechen. Achten sie darauf, dass alle Kekse auf einem Blech ungefähr gleich groß sind. 2. Nach dem Backen können Sie die Cookies – wie z. B. den Schmetterling – mit festerer Eiweißspritzglasur verzieren. Oder – wie z. B. für das Fußballtrikot – Arctic-White-Dekormasse einfärben, dünn ausrollen, ausstechen und mit Eiweiß auf die entsprechenden Cookies kleben. 3. Mit flüssigerer Eiweißspritzglasur lassen sich die Cookies zwischen den Verzierungen bedecken. 4. Auch die mit Dekormasse belegten Kekse können Sie mit Eiweißspritzglasur noch individueller gestalten.

5 Eiweißspritzglasur zubereiten wie auf Seite 136 beschrieben. Glasur nach Belieben portionsweise mit Lebensmittelfarbe färben. Spritztüte jeweils zur Hälfte mit gewünschter Glasur füllen. Tüte schließen und die mit Arctic-White-Masse belegten Cookies zusätzlich noch mit farbiger Eiweißspritzglasur nach Wunsch dekorieren, z. B. feine Linien oder breite Streifen auftragen, kleine Tupfen aufspritzen oder Zuckerperlen mit Glasur auf die Cookies kleben.

6 Oder Cookies nicht mit Arctic-White-Masse bedecken, sondern mit einer festeren Eiweißspritzglasur umranden. Für eine festere Konsistenz mehr Puderzucker unter die Glasur rühren. Cookies in der Mitte der Umrandung mit flüssigerer Glasur bedecken. Dazu Glasur mit ein paar Tropfen Wasser, Lebensmittelfarbe oder etwas Eiweiß verrühren und auftragen. Cookies trocknen lassen. Dann mit farbiger Eiweißspritzglasur nach Wunsch dekorieren, z. B. Verzierungen auftragen oder die Cookies beschriften (s. Foto Seite 146). Die Cookies sofort oder später servieren. Sie lassen sich in einer Blechdose gut aufbewahren.

Tipps

Statt mit Zitronenschale können Sie die Cookies auch mal mit Orangenschale, 1 Tütchen Bourbon-Vanillearoma oder 1–2 Msp. Ingwer aromatisieren.

Originelle Ausstecher wie Schmetterlinge, Häschen oder Fische finden Sie in den Haushaltsabteilungen großer Kaufhäuser. Witzige Ausstecher können sie auch bestellen (s. Bezugsadressen Seite 151). Die Formenvielfalt ist riesig, und die Ausstecher kosten kein Vermögen.

Glossar

Arctic-White Die Dekormasse lässt sich wie Marzipan leicht kneten und ausrollen, wird aber nicht so schnell brüchig. (Bezugsadresse s. rechts). Arctic-White besteht vor allem aus Zucker, Glucosesirup, Wasser und pflanzlichem Öl. Dazu kommen Glycerin, Emulgator, Säureregulator, Stabilisatoren, Farbstoff und Aromen. Mit Lebensmittelfarbe können Sie die reinweiße Masse problemlos färben. Farbe einfach tropfenweise unterkneten. Achtung: Arctic-White wird leicht trocken und verliert dann an Elastizität. Deshalb Masse immer luftdicht verpackt aufbewahren. Und auch zum gründlichen Weichkneten am besten in einen großen Gefrierbeutel füllen. Die Zuckermasse eignet sich ideal als Überzug für Buttercremetorten. Auf Sahnetorten sollte sie nicht verwendet werden.

Eiweißspritzglasur Sie können die Glasur selbst anrühren (s. Rezept Seite 136). Oder fertig zubereitete Eiweißspritzglasur in Profiqualität bestellen (Bezugsadresse s. rechts). Die heißt auch Deco Royal, besteht aus Zucker, Eiweißpulver und Zitronensäure und ist bis zu 12 Monaten haltbar. Ob selbst gemacht oder gekauft: Eiweißspritzglasur lässt sich problemlos mit ein paar Tropfen Lebensmittelfarbe färben. Wichtig: Glasur auch während des Arbeitens immer mit einem feuchten Tuch bedecken, sonst wird sie trocken.

Fondant Die weiße, zartschmelzende Glasur besteht aus mikrofeinen Zuckerkristallen. Es kostet Zeit und Mühe, sie selbst herzustellen. Denn für die schneeweiße Masse muss Zuckersirup gekocht und dann aufwendig geknetet werden. Am besten kaufen Sie fertigen Fondant bei Ihrem Bäcker oder in einer guten Konditorei (eventuell vorbestellen).
Fondant vor der Verarbeitung handwarm (auf ca. 36°) erwärmen – entweder auf dem Herd bei schwacher Hitze oder in ca. 3 Min. bei 600 Watt in der Mikrowelle. Wird der Fondant zu kühl, Masse unbedingt wieder erwärmen. Für besonders schönen Glanz zusätzlich 1 Eiweiß unterrühren. Sie können die weiße Glasurmasse mit Lebensmittelfarbe nach Belieben einfärben.

Gelatine Wird aus Kollagen, einem tierischen Eiweißstoff, gemacht. Blattgelatine ca. 5 Min. in kaltem Wasser einweichen, dann ausdrücken und in heißer Flüssigkeit auflösen. 6 Blatt entsprechen 1 Päckchen gemahlener Gelatine. Pflanzliche Alternative: Agar-Agar, ein Extrakt aus Meeresalgen. Achtung: Frische Ananas, Kiwi, Feigen und Papaya enthalten ein Enzym, das Gelatine auflöst. Cremes und Gelees mit diesen Früchten werden mit Gelatine nicht fest. Gelatine verliert mit der Zeit ihre Gelierkraft. Achten Sie deshalb aufs Mindesthaltbarkeitsdatum.

Lebensmittelfarbe Zum Färben von Fondant, Zuckermasse oder Eiweißspritzglasur. Im Supermarkt finden Sie Lebensmittelfarben bei den Backzutaten, meist in flüssiger Form oder als Paste (Zuckerschrift), auch unter dem Namen Back- und Speisefarbe. In den Tübchen oder Fläschchen stecken meistens die Farben Gelb, Rot, Grün und Blau. Daraus lassen sich andere Töne mischen. Die Farben vorsichtig dosieren. Am besten tropfenweise unterrühren oder -kneten, bis die gewünschte Intensität erreicht ist. Nach Gebrauch sofort gut verschließen. Wer chemische Farben nicht mag, nimmt als Ersatz Rote-Bete-Saft, Spinatsaft oder Safran.

Schokolade und Kuvertüre Es lohnt sich, etwas mehr Geld auszugeben. Denn je hochwertiger die Schokolade, desto besser schmecken Teig oder feine Cremes, die Sie damit zubereiten. Der Preis richtet sich nach dem Kakaoanteil. Billigschokoladen enthalten oft einfaches Pflanzenfett statt Kakaobutter. Dunkle Bitterschokolade hat einen Kakaogehalt von mind. 60 %, Zartbitter von mind. 50 %. Weiße Schokolade wird ohne dunkle Kakaomasse aus Kakaobutter (mindestens 20 %), Zucker (bis zu 55 %) und Milch oder Sahne hergestellt, manchmal noch mit Vanille oder anderen Gewürzen aromatisiert. Kuvertüre enthält viel Kakaobutter. Das macht sie geschmeidig und lässt Glasuren glänzen.
Schokolade und Kuvertüre reagieren empfindlich auf Hitze. Am besten schmelzen Sie sie vorsichtig in einer Schüssel über einem heißen Wasserbad (s. auch Seite 9).
Schokolade und Kuvertüre immer trocken und kühl aufbewahren.

Bezugsadressen und Links

Arctic-White-Zuckermasse und Eiweißspritzglasur (Deco-Royal)

Tortenfee
Barbara Sedlmayr
Flurstr. 4a
82239 Alling
Tel.: 08141 82354
Fax: 08141 82392
www.tortenfee.com

Essbare Blüten

www.essbare-landschaften.de

Backformen, -rahmen, Ausstecher und Pâtisserie-Zubehör

www.hobbybaecker.de

W. F. Kaiser u. Co. GmbH
Postfach 1164
D-65570 Diez/Lahn
www.kaiser-backform.de

Register

GU Lifestyle

Ein himmlisch süßes Vergnügen

ISBN 978-3-8338-1053-4
80 Seiten | 12,90 € [D]

ISBN 978-3-8338-0998-9
64 Seiten | 7,50 € [D]

ISBN 978-3-8338-0916-3
144 Seiten | 15,00 € [D]

Änderungen und Irrtum vorbehalten

Das macht sie so besonders:

- **Neue mmmh-Rezepte** – unsere beste Auswahl für SIe
- **Profitipps** – für sicheres Gelingen

G|U
Willkommen im Leben.

küchengötter.de
powered by G|U

Einfach göttlich kochen und himmlisch speisen? Die passenden Rezepte, Küchentipps und -tricks in Wort und Film finden Sie ganz einfach unter: **www.küchengötter.de**

Impressum

Die Autoren

Andreas Neubauer
Der gelernter Küchenmeister und Kochbuchautor sammelte in sternedekorierten Restaurants Erfahrungen und kreierte die Rezepte für das Kapitel „Süßes für jeden Geschmack".

Axel Müller
Der Artisan Pâtissier und Inhaber der Pâtisserie Amandine in München kreierte die Rezepte für das Kapitel „Feines aus der Pâtisserie".

Barbara Sedlmayr
Die gelernte Konditormeisterin und Tortendesignerin zaubert als „Tortenfee" in der Nähe von München die verrücktesten und schönsten Torten Deutschlands und kreierte die Rezepte für das Kapitel „Kunstwerke von der Tortenfee".

Susanne Bodensteiner
Erfolgreiche Kochbuchautorin und leidenschaftliche Bäckerin verfasste Aufmacher- und Glossarseiten, sowie alle Magazintexte und Tipps rund um die Rezepte.

Der Fotograf

Michael Wissing
Der Fotodesigner (BFF), Fotograf und Schriftsetzer arbeitet in seinem Studio im Schwarzwald für renommierte internationale Magazine, Agenturen, Firmen und Verlage. Er fotografierte zahlreiche Bücher, insbesondere Kochbücher, und erhielt internationale Preise und Auszeichnungen.
www.michael-wissing.de

Bildnachweis
Alle Fotos: Michael Wissing
Coverfoto: Sahniges Kirschen-Herz von Seite 48

Programmleitung: Doris Birk
Leitende Redakteurin: Birgit Rademacker
Konzept, Redaktion und Bildredaktion: Sigrid Burghard
Lektorat: Susanne Bodensteiner
Korrektorat: Mischa Gallé
Innenlayout, Typographie und Umschlaggestaltung: independent Medien-Design, München
Satz: Filmsatz Schröter, München
Herstellung: Markus Plötz
Reproduktion: Wahl Media GmbH, München
Druck: Firmengruppe APPL, aprinta druck, Wemding
Bindung: Firmengruppe APPL, m. appl GmbH, Wemding

ISBN 978-3-8338-1217-0

1. Auflage 2008

GRÄFE UND UNZER

Ein Unternehmen der
GANSKE VERLAGSGRUPPE

Unsere Garantie

Alle Informationen in diesem Ratgeber sind sorgfältig und gewissenhaft geprüft. Sollte dennoch einmal ein Fehler enthalten sein, schicken Sie uns das Buch mit dem entsprechenden Hinweis an unseren Leserservice zurück. Wir tauschen Ihnen den GU-Ratgeber gegen einen anderen zum gleichen oder ähnlichen Thema um.

Liebe Leserin und lieber Leser,

wir freuen uns, dass Sie sich für ein GU-Buch entschieden haben. Mit Ihrem Kauf setzen Sie auf die Qualität, Kompetenz und Aktualität unserer Ratgeber. Dafür sagen wir Danke! Wir wollen als führender Ratgeberverlag noch besser werden. Daher ist uns Ihre Meinung wichtig. Bitte senden Sie uns Ihre Anregungen, Ihre Kritik oder Ihr Lob zu unseren Büchern. Haben Sie Fragen oder benötigen Sie weiteren Rat zum Thema? Wir freuen uns auf Ihre Nachricht!

Wir sind für Sie da!
Montag – Donnerstag: 8.00 – 18.00 Uhr;
Freitag: 8.00 – 16.00 Uhr
Tel.: 0180-5 00 50 54*
Fax: 0180-5 01 20 54*
E-Mail:
leserservice@graefe-und-unzer.de

*(0,14 €/Min. aus dem dt. Festnetz/ Mobilfunkpreise können abweichen.)

P.S.: Wollen Sie noch mehr Aktuelles von GU wissen, dann abonnieren Sie doch unseren kostenlosen GU-Online-Newsletter und/oder unsere kostenlosen Kundenmagazine.

GRÄFE UND UNZER VERLAG
Leserservice
Postfach 86 03 13
81630 München